# UNA HISTORIA BREVE DE
# RUSIA

**Cómo entender la nación más
compleja del mundo**

MARK GALEOTTI

# UNA HISTORIA BREVE DE RUSIA

## Cómo entender la nación más compleja del mundo

MARK GALEOTTI

Traducción de
**Francisco Herreros**

Título original:
*A Short History of Russia: How the World's Largest Country Invented Itself, from the Pagans to Putin* (2020)

© Del libro:
Mark Galeotti

© De la traducción:
Francisco Herreros

© De esta edición:
Capitán Swing Libros, S.L.
c/ Rafael Finat 58, 2º 4 - 28044 Madrid
Tlf: (+34) 630 022 531
contacto@capitanswing.com
capitanswing.com

© Diseño gráfico:
Filo Estudio - filoestudio.com

Corrección ortotipográfica:
Victoria Parra Ortiz

ISBN: 978-84-124579-2-6
Depósito Legal: M-12333-2022
Código BIC: FV

Impreso en España / *Printed in Spain*
Artes Gráficas Cofás, Móstoles (Madrid)

# Índice

# UNA HISTORIA BREVE DE
# RUSIA

## Cómo entender la nación más compleja del mundo

*«Rusia es un país
cuyo futuro es fácil de predecir;
lo que es impredecible
es su pasado»*

# UNA HISTORIA BREVE DE RUSIA

# Introducción

El libro más antiguo de Rusia no habla con una única voz. Ruge y suspira, murmura y gime, ríe y susurra, reza y se ríe a carcajadas en tonos cada vez más quedos. En julio de 2000, unos arqueólogos que excavaban en uno de los barrios más antiguos de una de las ciudades más antiguas de Rusia —Nóvgorod, una vez conocida como la Señora Nóvgorod o Nóvgorod la Grande— descubrieron tres tablas de madera recubiertas de cera que en su día habían estado unidas formando un libro. Según la datación mediante carbono y otras estimaciones, se remontaban a algún momento entre el año 998 y el 1030 d. C. Inscritos en las tablas de cera aparecen dos salmos. Se trata, no obstante, de un palimpsesto, un documento que ha sido usado y reusado una y otra vez a lo largo de las décadas, y, no obstante, aún se pueden apreciar en él los escritos originales. El lingüista ruso Andréi Zaliznyak, mediante un trabajo meticuloso, descubrió un apabullante conjunto de distintos escritos inscritos en la cera, miles de ellos, desde una «Instrucción espiritual para el hijo de un padre y una madre» hasta el comienzo del Apocalipsis según san Juan, una lista del alfabeto de la Iglesia eslava o, incluso, un tratado «Sobre la virginidad».

Todo ello resulta de lo más apropiado.

## El «pueblo palimpsesto»

Rusia es un país sin fronteras naturales, sin una única tribu o un único pueblo, y sin una verdadera identidad central. Su escala es sobrecogedora: se extiende a lo largo de once zonas horarias, desde la región-fortaleza europea de Kaliningrado, ahora aislada del resto de la madre patria, hasta el estrecho de Bering, a solo ochenta y dos kilómetros (cincuenta y una millas) de Alaska. Combinado con la inaccesibilidad de muchas de sus regiones y la naturaleza más bien dispersa de su población, todo ello ayuda a explicar por qué mantener un control centralizado ha sido un desafío tan extraordinario, y por qué perder el control de un país de estas características genera tanto terror en sus gobernantes. Una vez conocí a un oficial (jubilado) de la KGB que me confesó: «Siempre pensábamos que era todo o nada: o bien sujetábamos al país con un puño de hierro, o todo se iría al garete». Sospecho que sus predecesores, desde los funcionarios zaristas hasta los príncipes medievales, tenían en gran medida las mismas preocupaciones. Y los funcionarios de Putin, incluso con todos los avances de las comunicaciones modernas, ciertamente son del mismo parecer.

Su posición en la encrucijada de Europa y Asia también significa que Rusia es el perenne «otro» para todo el mundo; para los europeos es asiática, y viceversa. Su historia ha sido conformada desde fuera. Ha sido invadida por extranjeros, desde los vikingos a los mongoles, desde las órdenes cruzadas de los Caballeros Teutones a los polacos, desde los franceses de Napoleón a los alemanes de Hitler. Incluso cuando no ha sido asediada físicamente, ha sido moldeada por fuerzas culturales externas, siempre mirando más allá de sus fronteras y buscando de todo en ese mundo exterior, desde capital cultural a innovación tecnológica. También ha respondido a su carencia de fronteras claras mediante una expansión continua, añadiendo a su mezcla de pueblos nuevas identidades étnicas, culturales y religiosas.

Por tanto, los propios rusos son un pueblo palimpsesto, ciudadanos de una nación hecha de retales que, más que la mayoría de los países, muestra estas influencias externas en cada aspecto de la vida. Su idioma es un buen ejemplo de ello. Una estación de ferrocarril se denomina *vokzal*, por la estación de Vauxhall en Londres, resultado de un desafortunado error de traducción cuando una estupefacta delegación rusa estaba visitando la Inglaterra del siglo XIX. En esa época, no obstante, la elite rusa hablaba francés, y, por ello, cargaban su *bagazh* en su coche cama *kushet*. En Odesa, al sur, las calles tenían sus nombres en italiano, porque era el idioma comercial común del mar Negro; en Birobidzhan, en la frontera china, por el contrario, el idioma local es, hasta la actualidad, el yidis, desde que Stalin promovió el asentamiento de los judíos soviéticos en esa región en la década de 1930. En el kremlin fortificado de Kazán, hay tanto una catedral ortodoxa como una mezquita musulmana, y los chamanes bendicen las conducciones de petróleo en el lejano norte.

Por supuesto, todos los pueblos son, en mayor o menor medida, una mezcla de distintos credos, culturas e identidades. En una era en la que el *curry* es el plato favorito de Gran Bretaña, en la que la Académie française continúa con su batalla perdida para mantener el francés libre de términos extranjeros y en la que uno de cada ocho ciudadanos estadounidenses ha nacido en el extranjero, es este un hecho indiscutible. Pero hay tres cosas sorprendentes en la experiencia rusa. La primera es la increíble profundidad y variedad de esta apropiación de influencias extranjeras, como si de una urraca se tratase. La segunda es la forma específica en la que se han superpuesto capas sucesivas, una encima de otra, para crear este país y esta cultura. Todas las naciones son en cierto sentido mezclas de distintas cosas, pero los ingredientes y la manera de mezclarlos varían enormemente. La tercera es la respuesta rusa a todo este proceso.

Siempre conscientes —a menudo demasiado— de esta identidad fluida y mestiza, los rusos han respondido generando una serie de mitos nacionales que la niegan o la celebran. De hecho, el fundamento mismo de lo que ahora llamamos Rusia se ha visto envuelto en historias nacionales más bien míticas, como veremos en el primer capítulo, en el que nos referiremos a cómo la conquista por los vikingos fue reescrita de tal manera que pareciese que los conquistados habían invitado a los invasores. Desde entonces, ha habido todo un torrente de leyendas de este tipo: desde cómo Moscú se convirtió al mismo tiempo en cristiana y en la «Tercera Roma», la cuna de la verdadera cristiandad (después de que la primera cayese ante los bárbaros y que la «Segunda Roma», Bizancio, cayese ante el islam) hasta los actuales intentos del Kremlin de presentar a Rusia como el bastión de los valores sociales tradicionales y como un baluarte contra un mundo dominado por América.

# Regreso al futuro

Los mongoles conquistaron Rusia en el siglo XIII, y cuando su poder se eclipsó, sus más eficientes colaboracionistas, los príncipes de Moscú, se reinventaron como los verdaderos campeones de su nación. Una y otra vez, los gobernantes de Rusia cambiarían el pasado para construir el futuro que deseaban, normalmente hurgando en los mitos culturales o políticos y en los símbolos que necesitaban. Los zares se apropiaron de los símbolos de la gloriosa Bizancio, pero, en este caso, el águila bicéfala del imperio miraba a occidente, además de al sur. A lo largo de los siglos, la compleja relación de Rusia con Occidente llegaría a ser cada vez más crucial. En muchas ocasiones, esto suponía adoptar ideas y adaptar valores al molde ruso: desde el zar Pedro el Grande ordenando a los rusos que se afeitasen la barbilla al estilo europeo (o que pagasen un «impuesto sobre las barbas» especial) hasta la construcción por los soviéticos de toda una sociedad nueva sobre su idea propia de una ideología que Karl Marx había concebido para Alemania y Gran Bretaña. En otras ocasiones, suponía una determinación consciente de rechazar las influencias occidentales, incluso aunque eso exigiese redefinir el pasado, por ejemplo ignorando toda la evidencia arqueológica sobre los orígenes vikingos de Rusia. Y, no obstante, eso nunca significó ignorar a Occidente.

Hoy, con la esperanza de poder encontrar una narrativa que les permita escoger solo aquellos aspectos del estilo de vida occidental que les gustan —iPhone y áticos en Londres, sí; impuestos progresivos e imperio de la ley, no—, una nueva elite ha comenzado de nuevo a definirse a sí misma y a su país como más le conviene. No siempre con éxito y no siempre a conveniencia de todo el mundo: al final han acabado cuestionando no tanto su lugar en el mundo como la forma en que el mundo les trata. Esto es central para explicar tanto el ascenso de Vladímir Putin como su evolución de un pragmático de mente esencialmente abierta al líder guerrero nacionalista que anexionó Crimea en 2014 y agitó un conflicto no declarado en el sudeste de Ucrania. Rusia se ha convertido en un país en el que reimaginar la historia no es solo un pasatiempo nacional, sino una industria. Hay exposiciones centradas en la estirpe de las políticas modernas, retrotrayéndolas a la época medieval como si proviniesen de una línea única e ininterrumpida. Las estanterías de las librerías crujen bajo el peso de historias revisionistas, y los libros de texto escolares se reescriben de acuerdo con las nuevas ortodoxias. Las estatuas de Lenin se codean con las de zares y santos, como si no hubiese ninguna contradicción en las visiones de Rusia que cada uno representa. El tema básico de este libro es, por tanto, explorar la historia de este país fascinante, extraño, glorioso, desesperado, exasperante, sangriento y heroico, especialmente a través de dos cuestiones interrelacionadas: la forma en la cual sucesivas influencias del exterior han dado forma a Rusia, la nación palimpsesto, y la forma en que los rusos se han enfrentado a ello a través de una serie de convenientes construcciones culturales, escribiendo y reescribiendo su pasado para comprender su presente e intentar influir en su futuro. Y cómo, a su vez, esto ha afectado no solo a su proyecto de construcción nacional, sino también a sus relaciones con el mundo. Está escrito no para los especialistas, sino para cualquiera que esté interesado en el trasfondo de la historia de un país que puede ser al mismo tiempo descartado como la caótica reliquia de un viejo imperio o retratado como una amenaza existencial para Occidente.

Al concentrar mil años de una historia llena de acontecimientos y a menudo sangrienta en este breve libro, he usado, inevitablemente, una brocha gorda. Al final de cada capítulo proporciono una guía de lecturas adicionales mucho más académica que puede ayudar a restaurar el equilibrio. No obstante, el libro no pretende realizar un tratamiento comprensivo de cada detalle, sino más bien explorar los auges y caídas periódicas de esta extraordinaria nación, y cómo los propios rusos han entendido, explicado, mitificado y reescrito esta historia.

*Lecturas adicionales.* Hay muchos libros excelentes que abarcan los mil años de Rusia y que recomiendo por la elegancia de su enfoque o la extravagancia de su estilo, pero déjenme que destaque unos pocos. *Una muy breve historia de Rusia* (Alianza Editorial, 2014), de Geoffrey Hosking, es exactamente lo que predica. *Russia: A*

*1000-Year Chronicle of the Wild East* (BBC, 2012), de Martin Sixsmith, es más el libro de un periodista que de un académico, y ofrece un resumen dinámico y ameno. *El baile de Natasha. Una historia cultural de Rusia* (Taurus, 2021), de Orlando Figes, se centra más en los últimos dos siglos, pero es, en todo caso, una obra magistral. Si una imagen vale más que mil palabras, un mapa vale al menos lo mismo, y el *Routledge Atlas of Russian History* (Routledge, 2007), de Martin Gilbert, es una compilación de lo más útil. La historia, no obstante, también se escribe con ladrillo y mortero, y el brillante libro de Catherine Merridale, *Red Fortress: The Secret Heart of Russia's History* (Penguin, 2014), hace del mismísimo Kremlin de Moscú un personaje de la historia de Rusia.

## Una nota sobre el lenguaje

Hay formas distintas de transcribir el ruso. He decidido transcribir las palabras del ruso lo más parecido a como suenan, excepto por el hecho de que hay formas que ya están demasiado consolidadas como para que valga la pena cuestionarlas. En inglés, por ejemplo, se escribiría Gorbachev, en lugar del fonéticamente más correcto Gorbachov. El lenguaje es intrínsecamente político, en la medida en que la forma en que hablamos de algo condiciona cómo pensamos sobre ello, algo que se ha hecho especialmente evidente en la época postsoviética, en la que los distintos Estados defienden su independencia frente a la metrópoli y, con ella, su autonomía lingüística. Esto es especialmente relevante en el caso de Ucrania: en la actualidad, su capital se escribe Kyiv. No obstante, seguiré usando el término Kiev para la ciudad anterior a 1991, no para desafiar las aspiraciones nacionales de Ucrania, sino para reflejar la medida en la cual fue una vez parte de un orden político eslavo y luego ruso más amplio. Añadiré una -s, en lugar de las más correctas -y o -i para el plural de las palabras rusas. Mis disculpas a los puristas.

01

# «Busquemos un príncipe que pueda gobernarnos»

**Cronología**

| | |
|---|---|
| **862?** | Llegada de Riúrik, nacimiento de la nueva nación de los rus' |
| **882** | Oleg toma Kiev y traslada ahí su capital desde Nóvgorod |
| **980** | Vladímir el Grande se convierte en gran príncipe de Kiev |
| **988** | Vladímir decreta la conversión al cristianismo ortodoxo |
| **1015** | La muerte de Vladímir ocasiona luchas dinásticas |
| **1036** | Yaroslav el Sabio controla todas las tierras de los rus' |
| **1054** | La muerte de Yaroslav ocasiona luchas dinásticas |
| **1097** | Conferencia de Liubech |
| **1113** | Vladímir Monómaco se convierte en gran príncipe a petición del pueblo de Kiev |

L a representación de Víktor Vasnetsov de la llegada del príncipe Riúrik a las orillas del lago Ladoga es un clásico en su género. La *Primera crónica*, del siglo XII, nuestra mejor fuente para esa época, habla de las escaramuzas que las dispersas tribus eslavas de lo que se convertiría en Rusia libraban contra los «varegos» —el nombre con el que se referían a los vikingos de Escandinavia— para expulsarlos de sus tierras. Pero cuando los chuds y los merias, los radimiches y los kriviches, y toda la restante miríada de clanes y tribus intentaron a su vez alcanzar el poder, el resultado no fue sino más guerras. Incapaces de llegar a un acuerdo sobre protocolo y territorio, recurrieron una vez más a los varegos y buscaron un príncipe: «Nuestra tierra es grande y rica, pero sin orden. Ven y gobierna, y reina sobre nosotros».

Y lo que obtuvieron fue a Riúrik (r. 862?-879), el hombre cuyos descendientes formarían la dinastía Ruríkida, que gobernó Rusia

Víktor Vasnetsov, *Llegada de Riúrik a Ladoga* (1909)

hasta el siglo XVII. Vasnetsov lo muestra desembarcando en las orillas del lago Ladoga, bajando de su barco vikingo, con su característica proa en forma de dragón, con un hacha en la mano para enfatizar que es un príncipe guerrero. Es recibido por una delegación de sus nuevos súbditos, con tributos y, literalmente, con los brazos abiertos.

El cuadro es particularmente detallado y evocador. Es fiel a la narración, incluyendo los cascos cónicos de los vikingos y los bordados de la ropa de los eslavos. Es ingeniosamente simbólico, jugando el tributo el papel de puente entre el nuevo gobernante y sus nuevos súbditos. Es también una representación muy pero que muy inexacta.

### La llegada de los Ruríkidas

Existió realmente un Riúrik, posiblemente un tal Rorik de Dorestad, un ambicioso advenedizo danés cuyas razias enfurecieron tanto a

Luis el Piadoso, rey de los francos, que fue desterrado en 860. Esto coincide convenientemente con la fecha de la llegada de Riúrik —establecida generalmente entre el año 860 y el 862— y su desaparición de las crónicas occidentales. Los saqueadores-comerciantes escandinavos eran viejos conocidos de las tierras de los eslavos, entre otras cosas por su búsqueda de nuevas rutas comerciales hacia Miklagard, «Gran Ciudad» —Bizancio, la capital del Imperio romano de Oriente, la actual Estambul—, en el lejano sur. La Guardia Varega, el cuerpo de elite del emperador bizantino, era reclutada entre mercenarios escandinavos, después de todo.

De manera que cuando Rorik de Dorestad se encontró desposeído en su propia casa, pensó: «¿Por qué no buscarme un nuevo principado en esos territorios?». En primer lugar, estableció un fuerte en Ladoga, donde él y sus hombres habían desembarcado, y pronto se haría con un puesto mercantil en el interior y estableció ahí su base. Lo llamó Holmgaror, aunque sería conocido como Nóvgorod («Ciudad Nueva»), uno de los grandes centros de la vieja Rusia. No obstante, la evidencia de que había sido invitado a entrar en Rusia parece, desgraciadamente, más bien inexistente.

La aventura de Riúrik era solo parte de un giro más amplio de los escandinavos hacia el sur y el este. En ocasiones iban como comerciantes, pero más frecuentemente lo hacían como invasores en tierras hostiles, en salvaje competición unos con otros, no solo con la población local. El cronista árabe del siglo x Ibn Rusta diría más tarde, ciertamente echándole mucha imaginación, que desconfiaban tanto los unos de los otros y de los pueblos que les rodeaban que un hombre no podía salir de casa a hacer sus necesidades sin ir acompañado de tres compañeros armados para protegerse. No obstante, y a pesar de los peligros, la atracción ejercida por estas tierras era irresistible.

Al sur y al este estaban las ondulantes planicies de la estepa, dominio de varias tribus túrquicas, nómadas y antiguos nómadas, como los búlgaros y los kazajos. Exigían tributos a las tribus eslavas vecinas, como los polyanes («pueblo de las planicies»), que vivían alrededor de la ciudad sureña de Kiev, pero sin conquistarlos ni asentarse en sus tierras. Más al sudoeste estaba Constantinopla, conocida por los eslavos como Zargrado, «Ciudad-Emperador». Sus puesto comerciales se extendían hasta el mar Negro, pero carecían de la voluntad, los ejércitos o el interés necesarios para aventurarse hacia el norte. Al oeste estaban los magiares y los pueblos eslavos occidentales, como los bohemios, en proceso de crear sus propias naciones, cada vez más dominadas por los alemanes. En suma, era una tierra de muchas tribus y pequeños asentamientos —los escandinavos la llamaban Garðaríki, «Tierra de Torres»—, pero sin reyes. Un conjunto de ríos amplios y rápidos, notablemente el Dviná y el Dniéper, el Volga y el Don, eran virtuales autopistas fluviales, rutas cruciales para las razias y el comercio llevado a cabo por los varegos, cuyos barcos de poco calado podían adentrarse profundamente en los ríos y ser acarreados o arrastrados para atravesar las distancias relativamente cortas que separaban unos de otros. Se podía, por ejemplo, navegar por el Nevá desde el golfo de Finlandia hasta el lago Ladoga, como hizo Riúrik, y llegar desde ahí hasta las fuentes del Volga, el río más largo de Europa. Después, los viajeros podían acarrear por tierra los barcos durante un pequeño trayecto de apenas 5-10 kilómetros (3-6 millas) y navegar hacia el sur, hasta llegar al mar Caspio. En estas tierras había madera, ámbar, pieles y miel, así como la mercancía más lucrativa de todas: esclavos. Más importantes aún eran las rutas comerciales hacia Constantinopla y de ahí a «Serkland» —Tierra de la Seda—, como eran conocidos los territorios musulmanes del este. Los escandinavos habían extraído tributo en forma de bienes y plata de las tribus noroccidentales, hasta que los levantamientos de 860 les obligaron a abandonar sus fuertes de madera y volver a casa, aunque, realmente, era difícil pensar que no regresarían.

Y así fue. Más o menos al mismo tiempo que Riúrik se establecía en Nóvgorod, otros dos aventureros vikingos, Askold y Dir, habían tomado la ciudad eslava sudoccidental de Kiev como base para un ataque ambicioso, aunque fallido, sobre Constantinopla. Otros anteriormente lo habían intentado; probablemente medio siglo antes, aventureros escandinavos habían saqueado las costas del sur del mar Negro. Los eslavos llamaron a estos conquistadores varegos los rus' (probablemente a partir del finés *ruotsi*, el nombre con el que se referían a los suecos), y así nacieron las tierras de los rus'.

**Antigua Rusia**

Frontera de Rus'
Territorios de Rus'

Mar Blanco

PRINCIPADO DE NÓVGOROD

PRINCIPADO DE VLADÍMIR-SÚZDAL

Nóvgorod

Río Volga

Rostov

Río Volga

Súzdal

Múrom

PRINCIPADO DE SMOLENSK

Riazán

Polotsk

PRINCIPADO DE MÚROM-RIAZÁN

Mar Báltico

PRINCIPADO DE POLOTSK

Smolensk

Río Dniéper

PRINCIPADO DE CHERNÍGOV

Río Don

PRINCIPADO DE VOLINIA

PRINCIPADO DE KIEV

Chernígov

Kiev

PRINCIPADO DE PEREYÁSLAV

Pereyáslav

PRINCIPADO DE GALICH

Galich

Mar de Azov

Tmutarakan

Quersoneso

Río Danubio

Mar Negro

0    200 kilómetros

0    100 millas

## Los Rus' de Kiev

Riúrik fue sucedido por Oleg (r. 879-912), su jefe militar y regente de su joven hijo Igor. Oleg demostró ser tan eficiente como despiadado, capturando y matando a Askold y Dir, y tomando Kiev en 882. Trasladó ahí su capital desde la norteña y fría Nóvgorod. Kiev seguiría siendo la ciudad dominante de los rus' durante siglos. Cuando Igor (r. 912-945) le sucedió como príncipe de Kiev en 912, dio comienzo definitivamente la dinastía Ruríkida. Con el tiempo, los rus' escandinavos y sus súbditos eslavos y no eslavos se casarían entre sí, y sus culturas se mezclarían. En cierto sentido, todo ello se vio facilitado por las considerables similitudes de sus creencias paganas; Perún el Atronador era muy similar al Thor de los escandinavos, por ejemplo. Así, en las ciudades de madera y las pequeñas aldeas establecidas a lo largo del curso de los principales ríos, que eran al mismo tiempo asentamientos y puestos comerciales, empezó a surgir una nueva nación.

La conquista, el comercio, los asentamientos y las alianzas promoverían el crecimiento del poder de Kiev. Los ataques sobre Constantinopla y sus tierras serían habitualmente rechazados, pero Kiev consiguió firmar tratados en 907 y 911 en los que la mayor ciudad-Estado del mundo trataba a la advenediza Kiev si no como su igual, al menos como una potencia digna de respeto. Tribus eslavas como los severianos y los drevlianos fueron puestas bajo el control de Kiev, aunque no sin coste; Igor fue asesinado por estos últimos, tras lo cual su viuda, Olga, se cobró una sangrienta venganza a su costa.

No obstante, los kievitas no carecían de rivales. Eran conquistadores, piratas y comerciantes no solo por codicia, sino también por necesidad. Un nuevo poder nómada estaba creciendo en el sur, los pechenegos, y desde 915 la *Primera crónica* detalla sus crecientes ataques, especialmente en los rápidos del río Dniéper, el más importante para el comercio y la prosperidad de los rus', y cuyo valle era tratado por los pechenegos como su terreno estival de pastoreo y caza. Nueve crestas de granito se extendían a lo largo del río al sudeste de Kiev. En primavera, cuando el deshielo aumentaba el caudal de los ríos, estas barreras capaces de romper cualquier barco permanecían sumergidas, pero en las otras épocas del año, los viajeros no tenían más remedio que sacar sus barcos del agua y arrastrarlos por tierra para evitarlas. En esos períodos, los kievitas eran especialmente vulnerables a los pechenegos, siendo asesinado el mismísimo príncipe Sviatoslav (r. 945-972) cuando intentaba repeler un ataque en los rápidos. Su cráneo acabó sirviendo de copa para los nómadas. Así como los kievitas dirigían su propio sistema de extorsión sobre las tribus eslavas y, cuando podían, sobre pueblos vecinos, también ellos se veían obligados a pagar de vez en cuando a los pechenegos.

Sviatoslav había sido un príncipe-guerrero confiado hasta la arrogancia; al parecer, su hijo mayor y efímero heredero, Yaropolk, se sentía tan inseguro que se vio llevado al fratricidio. Asesinó a su hermano Oleg (que, para ser justos, probablemente golpeó primero) y obligó a su otro hermano, Vladímir, a abandonar su bastión en Nóvgorod. No obstante, Vladímir regresaría en 980 con un ejército de mercenarios varegos, mataría a Yaropolk y asumiría la Corona. Después, se dedicaría a cambiar la historia de Rusia.

## Vladímir el Grande

Vladímir (r. 980-1015) demostraría ser un constructor de imperios. Mientras que Sviatoslav era el clásico príncipe varego, un guerrero-saqueador que, ávido de botín, llegó a utilizar un solo remo en un ataque a Zargrado, Vladímir era un planificador y un político cuyo deseo era llevar a los rus' más allá de sus raíces vikingas. Expandió los territorios bajo su mando, combatiendo a los pechenegos, conquistando tribus, capturando ciudades y destrozando a los búlgaros del Volga. Construyó defensas en torno a Kiev, incluyendo las poderosas Murallas de Serpiente —cuando fueron completadas, en el siglo XI, se extendieron un centenar de kilómetros—, que protegían la ciudad por el sur. Se fundaron nuevas ciudades en Belgorod y Pereyáslav, además de puertos fortificados a lo largo del Dniéper. Se construyó una cadena de fuertes para mantener a raya a los pechenegos, con las tradicionales murallas de madera esta vez reforzadas con ladrillos sin cocer, cortesía de constructores griegos de Zargrado.

La razón por la cual se empezaron a importar nuevas técnicas y tecnologías de Constantinopla fue su fatídica decisión de convertirse al cristianismo y de obligar a los señores y súbditos de Rus' a seguirle. No había habido muchas pistas de que Vladímir pudiese tener esa inclinación. Anteriormente, había ordenado la construcción de un templo pagano en una de las colinas de Kiev, con grandes ídolos de madera vigilando la ciudad, y parece que no le molestaba especialmente la violencia periódica del populacho contra los cristianos. En 988, sin embargo, Vladímir ordenó destruir esos ídolos, y los habitantes de Kiev fueron llevados virtualmente a punta de lanza hasta el río Dniéper para ser bautizados a la fuerza (no obstante, durante siglos, el cristianismo y el paganismo coexistirían, siendo este último desplazado solo muy lentamente). La fe y el poder estatal comenzarían esa estrecha alianza que ha definido a Rusia hasta la actualidad.

¿Por qué tomó Vladímir esa decisión? La historia apócrifa dice que envió emisarios para evaluar los méritos de los principales credos. El judaísmo fue rechazado porque creyó que el hecho de que los judíos hubiesen sido expulsados de su tierra demostraba que Dios no estaba de su parte. El catolicismo romano fue rechazado porque ningún gran príncipe de Kiev se podía someter a la autoridad del papa. El islam fue rechazado por su prohibición del alcohol; supuestamente Vladímir dijo que «beber es la felicidad de todo Rus'. No podemos existir sin ese placer» (parece que algunos estereotipos tienen un largo pedigrí). El cristianismo ortodoxo bizantino le convenció. Sus emisarios le hablaron de la eucaristía en la nave abovedada de la inmensa catedral de Santa Sofía, donde «no sabíamos si estábamos en el Cielo o en la Tierra, ni habíamos conocido tanta belleza, y no sabemos cómo contarlo [...]. Solo sabemos que Dios mora ahí entre el pueblo, y su servicio es más justo que las ceremonias de otras naciones».

En fin, puede ser. Una vez más, se trata de una hermosa historia, pero la verdad es probablemente mucho más compleja y pragmática. El cristianismo ortodoxo se había propagado entre los rus' y, especialmente, entre los boyardos, sus señores y jefes. El idioma cirílico, que con el tiempo se convertiría en la norma en toda Rusia, tiene sus raíces en el griego, modificado para adaptarse a las lenguas eslavas por los santos Cirilo y Metodio, misioneros bizantinos del siglo IX. La abuela de Vladímir, Olga (regente 945-960), se bautizaría como cristiana, aunque eso no hizo que mostrase mucho entusiasmo en poner la otra mejilla: era tristemente famosa, por ejemplo, por enterrar y quemar vivos a emisarios drevlianos como venganza por la muerte de su marido, Igor. Además, los motines religiosos que habían sacudido Kiev habían demostrado que intentar ignorar las tensiones entre paganos y cristianos era arriesgado. El cristianismo bizantino no exigía sumisión a un distante líder espiritual, y traía la promesa de una relación más estrecha con Zargrado. Según algunas fuentes, Vladímir ya estaba conquistando territorios bizantinos, como, por ejemplo, Quersoneso, en la península de Crimea. Según otras, principalmente árabes, los griegos se habían visto sacudidos por una guerra civil, y el emperador Basilio II estaba buscando aliados desesperadamente. De una manera u otra, Vladímir aprovechó la debilidad bizantina para buscar una alianza dinástica. Su objetivo era casarse con Ana, la hermana del emperador. El precio no solo era apoyo militar, sino también la conversión al cristianismo, tanto de él como de su pueblo.

El trato fue aceptado y Vladímir fue bautizado en Quersoneso. Más adelante sería santificado como el Sagrado Gran Príncipe Vladímir, el Igual a los Apóstoles, pero este aparente acto de piedad fue en realidad un ejemplo de gobierno implacable. Reafirmó su estatus como el mayor de los rus' y cimentó los vínculos con su poderoso vecino, el más rico de sus socios comerciales.

Vladímir, que ya había experimentado el exilio, podría haber pensado también que, al convertirse al cristianismo, se aseguraría un buen sitio al que ir en caso de encontrarse de nuevo en esa situación. Lo cierto es que gobernó durante casi tres décadas más. A medida que se expandían los dominios de Kiev, y siendo consciente de la dificultad de gobernar un Estado tan extenso, nombró príncipes a sus hijos y los despachó a varias ciudades. Siguió fluyendo el tributo hacia Kiev, pero lo cierto es que, en esa época y en una tierra en la que los caminos eran escasos, las rutas fluviales estaban en gran medida limitadas a los trayectos norte-sur, y como los territorios entre ciudades estaban cubiertos de bosques y apenas colonizados, el peso del gran príncipe era, inevitablemente, fácil de soportar por sus vasallos. Sencillamente, el gran príncipe de Kiev no podía controlar el día a día del gobierno de las ciudades. Cada príncipe tenía su guardia armada, sus compinches y sus favoritos, sus propios intereses y prioridades. A menos que estuviese en la frontera y necesitase ayuda para repeler a enemigos extranjeros, ¿por qué tenía que hacer caso a Kiev?

El primero en comprobar esta teoría fue Yaroslav el Sabio, que dejó de enviar tributo a su padre en 1014. Vladímir comenzó a reunir fuerzas para reafirmar su poder, pero ya estaba enfermo y moriría al año siguiente, antes de poder lanzar su expedición punitiva. El resultado fue una sangrienta disputa entre pretendientes, en la que por vez primera se implicó otra potencia ascendente, los polacos. El hermano mayor de Yaroslav, Sviatopolk, ya había conspirado contra su padre, animado probablemente por su suegro, el conde polaco Boleslao. En los años inmediatamente posteriores, Kiev sería tomada primero por Sviatopolk y luego por Yaroslav. Yaroslav contrató mercenarios saregos, y Sviatopolk, pechenegos y polacos. La victoria cayó del lado de Yaroslav, pero se había establecido un peligroso precedente de sangrientas disputas familiares. Su sobrino Briacheslav de Polotsk empezó a mirar con ojos codiciosos los ricos mercados de Nóvgorod, mientras que su formidable hermano del sur, Mstislav de Chernígov y Tmutarakan, estaba maquinando contra Kiev. No fue hasta 1036 que todos los otros rivales fueron eliminados y Yaroslav (r. 1036-1054) finalmente se proclamó gran príncipe de Kiev, príncipe de Nóvgorod y gobernante de todos los rus'.

Fue un triunfo. Y como siempre que se alcanza la cima, el camino restante fue cuesta abajo.

### Fragmentación y rotación

A Yaroslav le costó conseguir la Corona, pero su reinado fue presidido por paradójicos éxitos. Recuperó las tierras ocupadas por

Boleslao, conquistó territorios en lo que es ahora Estonia y derrotó un asedio pechenego de Kiev. Aunque su asalto naval contra Constantinopla en 1043 resultó un fracaso, se las arregló para conseguir un nuevo tratado con Zargrado y casar a uno de sus hijos, Vsevolod, con otra princesa bizantina (de las cuales parecía haber una oferta inagotable). Había paz, comercio y buenas cosechas. Fluía la plata desde Constantinopla, el mundo árabe y el norte de Europa. Las ciudades de Rusia prosperaban, sus mercados crecían, sus murallas de madera eran ampliadas a medida que más y más personas eran acogidas por su abrazo protector. Cuando la catedral de Santa Sofía, de paredes blancas y cúpula dorada, fue completada en Kiev, otras ciudades comenzaron a construir tributos físicos a su nueva fe.

Todo ello eran signos obvios de progreso y una bendición para Kiev, así como más tributos potencialmente disponibles para el gran príncipe. No obstante, también acarreaba consigo las semillas de la fragmentación política. Las tierras de los rus' eran tratadas esencialmente como un patrimonio familiar. El gran príncipe asignaba ciudades a sus hijos nombrándolos príncipes o *posadniks* —gobernadores— de confianza. Los príncipes podían pasar de una ciudad a otra dependiendo de las necesidades. Por ejemplo, Yaroslav había pasado de Rostov a Nóvgorod en 1010, cuando su hermano Viacheslav murió, y su hermano menor, Boris, había ocupado la ciudad vacante.

La legitimidad de un príncipe se basaba en la del gran príncipe, y sus fuerzas militares eran limitadas. Tenían su *durzhina*, su guardia personal, pero como mucho eso supondría un par de cientos de hombres, suficientes para recaudar impuestos y proteger al príncipe, pero no como fuerza de combate. Además de la guardia, podían contratar mercenarios del exterior —lo que suponía costes y riesgos— y levantar levas en su propia ciudad. Esto último dependía en muchas ocasiones de la época del año (¿está todo el mundo ocupado con la cosecha?) y de la popularidad del príncipe.

No había un proceso de sucesión claramente aceptado, lo que explica el conflicto fratricida que siguió a la muerte de Vladímir y, después, a la de Yaroslav, en 1054. ¿Debería el título de gran príncipe pasar al hijo mayor o al hermano mayor? La segunda mitad del siglo xi fue testigo de guerras civiles y conflictos inciviles que cerraban estas cuestiones provisionalmente, para volverse a abrir con el tiempo. En parte, esto se debía a que las ciudades, y los principados en torno a ellas, se estaban haciendo más poderosas y prósperas. Proporcionaban las bases económicas que permitían a un príncipe aumentar sus posibilidades de lanzar guerras privadas. También empezaron a adquirir su propia voz, especialmente a través del *veche*, una asamblea ciudadana. En teoría, el *veche* era un lugar en el que todos los ciudadanos hombres libres podían ser oídos, aunque en la práctica tendía a ser un instrumento de los ricos y poderosos. En Nóvgorod, que, como veremos en el siguiente capítulo, se había convertido en una ciudad comercial abierta al Báltico, el *veche* tenía un papel especialmente destacado, hasta el punto de tomar sus propias decisiones acerca de quién debía ser *posadnik*. No obstante, en otros sitios abundaban las señales de que los habitantes de las ciudades se podrían convertir en una fuerza política de pleno derecho. En 1113, por ejemplo, la población de Kiev realizó con éxito una petición al príncipe Vladímir Monómaco de Pereyáslav (r. 1113-1125) para que se convirtiese en gran príncipe, incluso aunque, de acuerdo con el consenso de todos los príncipes, la corona debería haber recaído en Yaroslav de Volinia. Monómaco dudó en echar por tierra la decisión de los príncipes, hasta que los kievitas le dijeron lo siguiente: «Ven, príncipe, a Kiev. Si no vienes, se despertará una gran maldad», lo que incluía tanto pogromos contra los judíos locales como ataques contra su propia cuñada.

He aquí la ironía: a lo largo del siglo xii, el control sobre Kiev y el cargo de gran príncipe se convirtieron en objetivos cada vez más valiosos y en perennes objetos de disputa. Una y otra vez, un nuevo gran príncipe tenía que derrotar a sus rivales, puesto que múltiples candidatos dinásticos luchaban para afirmar su poder o su derecho. Y, no obstante, al mismo tiempo, el propio Estado de Rus' se fragmentó políticamente, pasando a ser una confederación de principados. En distintas épocas, algunos de ellos estuvieron especialmente separados del centro, mientras que otros estaban más unidos a Kiev. En última instancia, todos formaban parte de una única comunidad de Rus'; se dirigían a Kiev no solo como un premio que conseguir, sino como el centro de su cultura, fe e identidad. Pero los príncipes no se veían necesariamente como súbditos del gran príncipe, y estaban perfectamente dispuestos a llevar a cabo sus propias políticas. Esta situación fue virtualmente formalizada en la cumbre de 1097 que tuvo lugar en Liubech, donde, para presentar un frente unido contra las incursiones nómadas, acordaron poner fin al viejo sistema por el cual los príncipes podían rotar entre ciudades. Desde entonces, el puesto de príncipe sería hereditario dentro de una misma familia, y los territorios se dividirían en cada sucesión. Así nació el feudalismo ruso, aunque sus reglas eran periódicamente retorcidas y quebrantadas.

De manera que Kiev, en la encrucijada de múltiples civilizaciones y entidades políticas, creció como la capital de una tierra nacida del comercio y la conquista. No obstante, a comienzos del siglo XIII, sus ambiciones habían sobrepasado en gran medida a su influencia. La ciudad era rica y respetada, la sede de crecientes industrias, desde el soplado de vidrio hasta la joyería, y era también el corazón de la Iglesia ortodoxa rusa y el sueño de todo príncipe ambicioso. Y, sin embargo, no estaba ya al mando: el poder se le estaba deslizando imperceptiblemente entre sus dedos. La evidencia arqueológica sugiere que, a pesar de esporádicos conflictos dinásticos, Rusia estaba prosperando. Kiev era saqueada de vez en cuando, pero, no obstante, siempre se las arreglaba para reconstruirse y renacer rápidamente. Los habitantes de Nóvgorod se mantenían ocupados estableciendo nuevas rutas comerciales hacia el norte de Siberia, y su ciudad era la sede de una floreciente comunidad de comerciantes del Báltico. El principado de Vladímir-Súzdal estaba expandiéndose por tierras búlgaras. Incluso la aparición de una nueva amenaza nómada, los cumanos y los kipcháks, a los que los rusos llamaban conjuntamente polovtsianos, era manejable. Aparecieron por vez primera en 1055, y hacia 1061 estaban saqueando las tierras de los rus'. Aunque lograron derrotar a un ejército dirigido por Vladímir Monómaco en 1093, el príncipe se recuperaría y los acabaría expulsando. Continuaron con sus razias, en ocasiones importantes, como cuando saquearon el monasterio de las Cuevas en Kiev en

1096, pero ya no suponían una amenaza existencial para los rusos, y algunas de sus tribus acabarían al servicio de Kiev.

Lo que desconocían los rusos es que detrás de los polovtsianos, y empujando a estos últimos hacia occidente, había una nueva amenaza nómada, mucho más peligrosa en varios órdenes de magnitud. Llegaban los mongoles, y los divididos y centrados en sí mismos principados de los rus' no tenían ni idea de lo que esta amenaza suponía.

## La conquista normanista

Las sangrientas idas y venidas de la política de la antigua Rus' nos pueden parecer algo distantes, de escasa relevancia para el mundo de hoy. No obstante, toda historia de Rusia debe adoptar este punto de partida no solo por razones cronológicas, sino también porque se puede trazar una línea directa y a menudo sangrienta entre esas épocas y el presente. La historia de los orígenes, en la que la vulnerabilidad es presentada en cierta medida como una ventaja, es la que establece el hilo conductor, especialmente porque no es solamente una historia de debilidad, sino de cómo abrazar la conquista y crear algo nuevo a partir de ella. Muchas de las asunciones rusas fundamentales sobre el mundo y su lugar en él pueden ser retrotraídas a la época de Riúrik y Vladímir, de Yaroslav y sus sucesores.

En primer lugar, está la lucha constante entre el centro y la periferia, un desafío inevitable en una tierra enorme que sigue vigente incluso hoy, en la era de las comunicaciones modernas. La pauta de poder resultante, una miríada de principados fusionándose, separándose y compitiendo, «reunidos» en torno al centro y luego perdidos de nuevo, se convertiría en algo fundamental para Rusia. En segundo lugar, está el hecho de que Rusia estaba condenada para siempre a estar rodeada de grandes potencias que al mismo tiempo la amenazaban y la impresionaban, cuyas fortalezas culturales, tecnológicas, militares y económicas eran al mismo tiempo resistidas y emuladas. Este es, se podría argumentar, el destino perpetuo de un país en la encrucijada entre Europa y

Asia, entre el norte y el sur, entre ser una parada vital en las grandes rutas comerciales, a lo largo de las cuales fluían las ideas tan fácilmente como la riqueza, y el objetivo del imperio que estuviese en auge en cada momento.

Al norte de los rus', los varegos tenían poder y voluntad, y proporcionaron una nueva clase dominante, pero también una amenaza constante. Al sur estaban los pechenegos, cuya velocidad y salvajismo les convertían en una amenaza que los rusos podían en el mejor de los casos contener, pero nunca de manera definitiva. Más al sur, Constantinopla ofrecía una capital cultural, así como una potencia comercial, de manera que lo mejor a lo que podía aspirar Kiev era a ser el «Zargrado de los rus'». Al oeste estaban apareciendo nuevos desafíos, como los alemanes y los polacos, que ya empezaban no solo a roer las fronteras de Rusia, sino también a interferir en sus políticas dinásticas.

Eso es historia, pero la historia está muy viva en la Rusia de hoy. Vladímir Putin ha afirmado: «Nos hemos hecho conscientes de la indivisibilidad e integridad de la historia milenaria de nuestro país». Los rusos son voraces consumidores de películas y libros sobre el pasado de su país. Hay un apasionado movimiento de recreaciones históricas, con guerreros medievales chocando entre sí en batallas simuladas frente a fortalezas de muros de madera y granaderos y húsares magníficamente uniformados luchando en batallas napoleónicas igualmente simuladas. En cierta medida, se trata de un redescubrimiento de historias que se han liberado del escalofriante control ejercido por la ortodoxia soviética, pero es también algo que se ve asiduamente favorecido por un Estado deseoso de movilizarlas para sus propios fines. El dicho de George Orwell según el cual «el que controla el pasado controla el futuro» podría ser una exageración, pero el Kremlin está ciertamente dispuesto a comprobar si es verdad.

La visión del mundo de Vladímir Putin es el de una Rusia igualmente asediada, aunque ahora China es quizás la nueva Constantinopla, objeto al mismo tiempo de temor, envidia, avaricia y una necesidad desesperada de ser su aliada contra lo que ve como un Occidente hostil, prescriptivo y degenerado, y un turbulento islam al sur. De todo ello extrae repetidos paralelismos históricos, como en 2014, cuando advirtió de que «la infame política de la contención iniciada por Occidente en los siglos XVIII, XIX y XX continúa en la actualidad. Están continuamente intentando arrinconarnos porque tenemos una posición independiente».

La nueva línea oficial, según la cual cuando Rusia es debilitada por divisiones internas es presa fácil de fuerzas exteriores, tiene ventajas obvias para un Gobierno ansioso por fomentar la unidad y por retratar a la oposición como traidores a la patria. Putin busca transmitir la idea de que el mundo exterior intenta trabajar con y a través de separatistas, activistas contrarios al Gobierno y otros enemigos políticos, precisamente para crear ese tipo de desunión y vulnerabilidad: «Les gustaría que Rusia acabase en un escenario yugoslavo de desintegración y desmembramiento».

La historia es una guía para la geopolítica. Como los grandes príncipes de Kiev no podían contar con el apoyo de los otros príncipes, los pechenegos podían saquear las rutas comerciales del Dniéper. Solo cuando Kiev era fuerte los griegos la trataban como a una igual y las fronteras estaban seguras. Las luchas dinásticas que siguieron a la muerte de Vladímir el Grande hicieron que la unidad se tambalease y permitieron a los varegos, los pechenegos y los polacos jugar un papel en la política rusa. El resultado fue el saqueo de Kiev y la entrega a los polacos de ciudades al oeste de Rus'. En la obra épica *El relato de la campaña de Igor*, que describe una campaña del siglo XII contra los nómadas, el narrador carga contra los dos bandos de una de las guerras civiles de la época: «Bajad ahora vuestras banderas y enfundad vuestras deslustradas espadas […]. Por vuestra sedición, empezasteis a incitar a los paganos contra las tierras de los rus'. La violencia de las tierras de los polovtsianos se produjo por vuestras disensiones». Hoy, la máquina de propaganda de Putin apela igualmente a disidentes y manifestantes para que pongan a un lado sus agravios con el Estado en nombre de la unidad y, por tanto, de la seguridad de Rusia.

Pero Putin está simplemente siguiendo la centenaria tradición de presentar el mundo como un lugar hostil lleno de depredadores voraces dispuestos a saltar sobre Rusia si está baja la guardia. El peligro viene de la división, pero puede provenir igualmente del subdesarrollo. Rusia tiene que alcanzar a sus vecinos —al coste que sea— porque, de lo contrario, se enfrenta a «derrotas constantes», como dijo firmemente Stalin en 1941, justificando así sus programas criminales de industrialización y colectivización que mataron y empobrecieron a millones en nombre de esta visión brutal de la historia:

> Fue derrotada por los kanes mongoles. Fue derrotada por los beyes turcos. Fue derrotada por los señores feudales suecos. Fue derrotada por los nobles polacos y lituanos. Fue derrotada por los capitalistas británicos y franceses. Fue derrotada por los barones japoneses. Todos la derrotaban debido a su subdesarrollo, su atraso militar, su atraso cultural, su atraso político, su atraso industrial, su atraso agrícola.

Como veremos, en ocasiones fue ciertamente el atraso económico o político lo que llevó a Rusia a ser humillada por las potencias extranjeras a lo largo de su extensa y sangrienta historia. En otras ocasiones, sin embargo, no fue así (o, al menos, no fue la única razón). Pero esa tediosa objetividad es irrelevante para los constructores de grandes narrativas históricas usadas para justificar lo que en muchos casos eran planes de construcción estatal de escala y brutalidad inusitadas.

Quizá una de las razones por las cuales la historia de Rusia es hoy al mismo tiempo tan vivamente real y tan convenientemente maleable es precisamente la forma apasionada en la que ha sido reescrita a lo largo de los siglos. Nuevos mitos se superponen a los antiguos en la creación de esta identidad palimpsesto, mientras los pueblos de esta tierra intentan enfrentarse a su debilidad y ausencia de identidad común creando mitologías compartidas en las que el destino y la fragilidad se transformaban en orgullo y determinación. Así, por ejemplo, no fueron conquistados por los rus', sino que invitaron a sus nuevos príncipes. Esta versión de la historia era demasiado para la nueva generación de historiadores rusos del siglo XVIII, que la denominaron «normanismo», afirmando, por el contrario, que los eslavos no necesitaban ningún varego. En su lugar, formaron su propio Estado, y el nombre Rus' se derivaba del de una antigua tribu. Históricamente dudosa pero nacionalistamente gratificante, esta nueva versión se convirtió en poco tiempo en la nueva ortodoxia, hasta que las fastidiosas demandas de precisión académica la relegaron a la marginalidad. En la época soviética, por su parte, la noción de que su país pudiese tener orígenes germánicos era algo inaceptable, y el rechazo del «normanismo» se convirtió durante un tiempo en dogma estatal. La toma de Quersoneso por Vladímir se convirtió igualmente en parte de la justificación de Moscú de su anexión de Crimea en 2014: esa conquista convirtió a la península en la cuna de la ortodoxia rusa. Mientras tanto, con sus tropas combatiendo en la región del Donbás, los historiadores de Moscú y Kyiv luchan entre ellos por ver quién puede reclamar a Vladímir como propio: al haber sido gran príncipe de Kiev, ¿eso significa que el ancestro espiritual de la Rusia moderna es en realidad un ucraniano? ¿O más bien este pedigrí riúrico demuestra que Ucrania es en realidad simplemente una parte semiautónoma de Rusia? La historia antigua, los mitos nacionales y las guerras modernas pueden estar más cerca entre sí de lo que creemos, y en ningún sitio como en las tierras de los rus'.

*Lecturas adicionales.* Hay, desgraciadamente, cierta sequía en lo que se refiere a lecturas asequibles sobre esta época fascinante. *The Emergence of Rus 750-1200* (Longman, 1996), de Simon Franklin y Jonathan Shepard, sigue siendo uno de los textos fundacionales, aunque no es la más ligera de las lecturas. Lo mismo, pero redoblado, se puede decir del libro académico de Pavel Dolukhanov, *The Early Slavs: Eastern Europe from the Initial Settlements to the Kievan Rus* (Routledge, 1996). La primera mitad de la magistral *Medieval Russia, 980-1584* (Cambridge, 2007), de Janet Martin, es una visión general más accesible. *Vladimir the Russian Viking* (Overlook, 2011), de Vladimir Volkoff, es una biografía muy legible de Vladímir el Grande, pero, para ser justos, no debería tratarse como un relato histórico sólido como una roca. Finalmente, destacaría que el breve *Armies of Medieval Russia, 750-1250* (Osprey, 1999), de David Nicolle, es más que un útil resumen de las guerras y las razias de la época, y contiene bellos dibujos a color de Angus McBride.

## 02

# «Por nuestros pecados, vino una tribu desconocida»

uentan las crónicas que, en 1380, los ejércitos de los principados de Rus' se unieron bajo el mando del príncipe Dmitri de Moscú en un paraje llamado Kulikovo (el Campo de los Gallinagos). Ahí se enfrentaron a las poderosas huestes de la Horda de Oro, los mongoles-tártaros señores de Rusia desde su brutal conquista el siglo anterior. Superados en número, los rusos se las arreglaron para derrotar a sus enemigos, siendo el primer golpe asestado por el monje guerrero Peresvet. De esta manera, se sacudieron el «yugo mongol» que les había oprimido. «El príncipe Dmitri regresó con una gran victoria, como Moisés contra Amelek. Y hubo paz en la tierra rusa. Y sus enemigos fueron humillados», decía una de las crónicas. El bajorrelieve incluido en la página siguiente, que una vez estuvo en la catedral de Cristo Salvador de Moscú y

Bajorrelieve del príncipe Dmitri siendo bendecido
por Sergio de Radonezh (1849), monasterio de Donskói

después se trasladó al monasterio de Donskói cuando Stalin ordenó volar el edificio, muestra una escena clásica basada en esta
historia. Un piadoso príncipe Dmitri se arrodilla para recibir la
bendición de san Sergio de Radonezh, uno de los grandes personajes de la ortodoxia rusa, rodeado por caballeros provenientes
de toda Rusia. Detrás de Sergio está Peresvet, a punto de ser recibido al servicio del príncipe.

La crónica antes mencionada era *La vida y muerte del gran
príncipe Dmitri Ivánovich*, una elegía exagerada, plagada de hipér-
boles y descuidada con los hechos, encargada y escrita poco después de la muerte de Dmitri, en 1389. Formaba parte de dos procesos entrelazados de generación de mitos, a través de los cuales
los gobernantes de Moscú y de la Iglesia intentaban situarse en el
centro del renacimiento de Rusia, un renacimiento que, en realidad, aún no se había completado. Peresvet probablemente nunca
existió. El ejército de Dmitri no estaba realmente formado por
contingentes de cada principado ruso; algunos se mantuvieron al
margen, otros, como Riazán, se unieron al bando contrario. Aunque Dmitri realmente ganó la batalla, recibiendo como resultado
de ello el sobrenombre de Donskói («del Don») por el río a cuyas

orillas se libró, no se trató de la victoria decisiva que normalmente se cuenta. Solo dos años después, un ejército saquearía e incendiaría Moscú, obligando a Dmitri a reafirmar su lealtad a la Horda de Oro. Durante otro siglo más, los rusos tendrían que seguir enviando caravanas de plata como tributo a la capital de la Horda, en la lejana Sarái.

Para la mayor parte de los rusos, no obstante, nada de esto importaba demasiado. Lo cierto es que nadie en esa época habría entendido la expresión «yugo mongol». La conquista mongola fue brutal, pero los mongoles fueron unos gobernantes sorprendentemente ecuánimes, y para la mayoría de los rusos no suponía mucha diferencia que la plata se dirigiese a Kiev, Moscú o Sarái. En realidad, solo más tarde esta era se convertiría en el momento trascendental de la historia rusa, pero, aun así, el poder de este mito es difícil de exagerar. Ha dado forma a la cultura política moderna, a las actitudes hacia China e incluso a los lamentos de los liberales sobre por qué su país no es más europeo. Quizá lo más irónico es que fueron los mongoles los que permitieron que lo que anteriormente había sido un pequeño villorrio, más pabellón de caza que otra cosa, se convirtiese en el corazón de la nueva Rusia: Moscú.

## Los tres hermanos

Un tema recurrente en el folclore ruso es el de los tres hermanos. Eran Lech, Czech y Rus, los supuestos fundadores de los tres pueblos eslavos: los polacos (lechitas), los checos y los rus'. La mayoría de los cuentos de tres hermanos incluyen a uno que es fuerte y justo, otro inteligente y aventurero, y otro —el más joven— o bien corrupto hasta la médula, o bien un «santo tonto».

Pues bien, hace mucho tiempo había tres ciudades, que en muchos sentidos representaban los distintos caminos que Rusia podía haber seguido. Kiev era la más grande, y en muchos aspectos la más tradicionalmente feudal. En ella, el poder se expresaba a través de un linaje familiar y de la creencia común de que Kiev era el corazón y el alma de los rus'. Era habitualmente objeto de lucha entre príncipes y linajes, pero todos los pretendientes compartían esencialmente la misma visión del mundo. Parte de esa visión era la lucha constante entre unos príncipes que querían más tierras para ellos, así como la costumbre del infantazgo, por la cual las herencias se repartían entre los hijos varones de un señor, lo que llevaba a la constante división de unas propiedades que habían sido lenta y sangrientamente reunidas. Kiev era una ciudad principesca, y, a pesar de todas las crónicas monásticas de piedad y humildad exaltadas, su aristocracia boyarda prosperó por su habilidad y buena fortuna en las artes tradicionales de la guerra, el subterfugio, las alianzas dinásticas y la extorsión de tributo.

Nóvgorod, en el norte, era una ciudad comercial, cuya influencia se extendía hasta el mar Báltico y sus ricos y cosmopolitas puertos. Gran parte del poder estaba en manos de los ricos magnates y de un tipo más bien tosco de democracia oligárquica. El *veche*, o asamblea de los hombres libres de la ciudad, tenía realmente voz y el anualmente elegido *posadnik*, el alcalde, tenía en muchas ocasiones más poder que el príncipe. Elocuentemente, la ciudad era en ocasiones llamada «la señora Nóvgorod la Grande», como si fuera su propia dueña, y el príncipe era visto más como su empleado. Según la *Crónica de Nóvgorod*, por ejemplo, en 1136 el pueblo de la ciudad decidió expulsar al príncipe Vsevolod, «y dijeron cuáles eran sus delitos: 1. No cuidaba de los campesinos. 2. ¿Por qué quería gobernar en Pereyáslav? 3. Huyó y abandonó a su ejército en una guerra reciente». Para los ciudadanos de Nóvgorod, el príncipe tenía que ser su mascarón de proa y líder guerrero. Si, deseoso de estar en otra ciudad, descuidaba a su pueblo y no estaba dispuesto a dirigir sus fuerzas a la batalla, entonces no servía para el puesto. Fue expulsado, y aunque otros príncipes quizá tuvieron más éxito en dominar esta ciudad tan obstinada, Vsevolod no fue ni el primero ni el último en ser considerado inadecuado. En 1270, por ejemplo, el príncipe Yaroslav se encontró enfrentado al *veche* «y los hombres de Nóvgorod contestaron: "Príncipe, vete, no te queremos. De lo contrario, todo Nóvgorod vendrá a echarte"». Se fue.

De manera que Nóvgorod tenía su propia cultura. Al cristianismo le costó asentarse ahí —en una fecha tan tardía como 1071 hubo revueltas paganas—, y los boyardos que dominaban la política ciudadana eran tanto magnates comerciantes como guerreros. Los mercados y puestos comerciales de la ciudad eran una fuente fundamental de plata para todos los rus' y pagaban la comida que necesitaban importar a través del Volga. Todo ello también significaba que Nóvgorod era una ciudad casi tan nordeuropea como rusa. Estaba profundamente implicada en la política del Báltico, enfrentándose a Suecia, defendiéndose contra los fuertes ataques de órdenes cruzadas cristianas como los Hermanos de la Espada y los Caballeros Teutónicos, apoyando a sus aliados en Livonia y formando parte de las corrientes intelectuales del norte de Europa. En suma, Nóvgorod era una ciudad mercantil, y sus boyardos prosperaron por medio del comercio y la exploración, en lo que, con un alto grado de optimismo y sobresimplificación, se ha visto un poco como una respuesta temprana, a base de muros de madera y cúpulas de cebolla, a las ciudades-Estado italianas del Renacimiento.

Cuando tanto Kiev como Nóvgorod estaban en su cenit, el tercero y más pequeño de los hermanos, Moscú, era apenas un pueblo. La primera referencia a Moscú data de 1147, cuando Yuri Dolgoruky, «Yuri el del Brazo Largo», que pronto sería príncipe de Kiev, convocó ahí una reunión. No obstante, cuando llegaron los mongoles, Kiev sería destruida y Nóvgorod humillada, y sería Moscú la que florecería. Era la ciudad que no solo se haría la dueña de todos los rus', sino también la que impondría su propia cultura política, una fusión de la tradición rusa, la práctica mongola y el pragmatismo moscovita.

## La llegada de los mongoles

Los pueblos nómadas y semiasentados al sur y al este siempre habían sido un problema para los rus'. El kanato judeoturco de las estepas del mar Negro les había disputado el control de las rutas comerciales del Volga en el siglo IX. Los pechenegos de Asia central habían sido una amenaza en el siglo X, pero serían acorralados entre los fuertes de los rus' al oeste y los asaltos de nuevas tribus al este. Estas incluían, especialmente, a los cumanos, también conocidos como polovtsianos, un problema serio en los siglos xi y xii. No obstante, ninguna de ellas representó realmente una amenaza existencial para los rusos. De hecho, cuando no atacaban a los rus', comerciaban con ellos o servían de mercenarios en una u otra de las constantes luchas dinásticas, que parecían lo más cercano a un *hobby* para los príncipes rusos.

No obstante, aunque en esos momentos nadie lo sabía, muy lejos, en el este, estaba surgiendo una potencia que transformaría Eurasia. A finales del siglo xii, el guerrero Temuyín, que más tarde sería conocido como Gengis Kan, estaba formando una alianza de los pueblos nómadas. Comenzó una era de conquista como el mundo no había conocido, y sus sucesores se verían a sí mismos como portadores de un mandato divino para extender su poder por todo el mundo en nombre del Tengri del Cielo Azul, la deidad suprema de su fe chamánica. Los pueblos asentados fueron conquistados; otras tribus nómadas fueron incorporadas o destruidas. China, Asia central, gran parte de Oriente Medio, todo caería ante este formidable ejército de las estepas, ante su brutalidad, su velocidad y, también, su capacidad de usar la diplomacia, la desinformación y la desesperación de manera tan efectiva como el arco y la espada.

A comienzos del siglo xiii, los polovtsianos, que habían desplazado a los pechenegos, se encontraron en la misma posición poco envidiable de estos, enfrentados a una nueva amenaza nómada, pero mayor y con los dientes más afilados. El polovtsiano Köten Kan huyó a la corte del príncipe Mstislav el Audaz de Galich, su yerno, y llegó con una oscura advertencia: «Unos terribles extranjeros han tomado nuestro país, y mañana tomarán el tuyo si no vienes a ayudarnos». Mientras llegaba nueva información sobre un ejército mongol a las orillas del río Dniéster, Mstislav marchó a su encuentro. Los rusos y sus aliados cumanos fueron conducidos a una trampa y aplastados en el río Kalka.

Y, no obstante, se trataba meramente de la avanzadilla de la fuerza invasora del comandante militar Jochi Kan, el hijo mayor de Gengis, y por ello los mongoles no aprovecharon su victoria. Los rusos no tenían ni idea del tamaño y la brutalidad de la amenaza a la que se enfrentaban, y los mongoles —también conocidos como tártaros— parecían tan misteriosos como sanguinarios. Como dice la *Crónica de Nóvgorod*: «Por nuestros pecados, llegó una tribu desconocida. Nadie sabía quiénes eran, o su origen, fe, o lengua […]. Solo un guerrero ruso de cada diez sobrevivió a esta batalla». Al no producirse ninguna invasión después de esta, los rus' se convencieron a sí mismos de que los mongoles, quienquiera que fuesen, habían sido disuadidos por su valiente resistencia, y, de alguna manera, una derrota aplastante fue transformada en un audaz desafío.

Hasta el año 1236, cuando el hijo de Jochi, Batu Kan, dirigió su fuerza principal hacia el oeste. Los últimos vestigios de los polovtsianos fueron aplastados, y después dirigieron su atención a los rusos. En los años siguientes, los rusos fueron machacados por una tormenta de hierro y fuego. Una ciudad tras otra fue tomada: divididos y desprevenidos, los rus' no podían contener a los invasores. La orgullosa Kiev luchó, y fue saqueada con tal brutalidad que se dice que de su población de cincuenta mil habitantes solo quedaron dos mil con vida. Seis años más tarde, un enviado papal escribió sobre unas ruinas en las que se agolpaban «incontables calaveras y huesos de cadáveres». La astuta Nóvgorod aprendió la lección, rindiéndose y comprando de manera preventiva su supervivencia con plata.

Parecía que nada podría detener la inexorable marcha de la conquista mongol hacia el oeste. Los ejércitos de Batu continuaron avanzando hasta Hungría y Polonia, donde, finalmente, la política y el vino consiguieron lo que no había podido conseguir ningún ejército. El Gran Kan, el tío de Batu, Ogodei, que había sucedido a Gengis, era un notorio bebedor —cuando sus cortesanos intentaron limitar la cantidad de copas que tomaba al día, él simplemente ordenó que las hicieran más grandes— y murió en 1241 tras una noche de borrachera. Aunque Batu continuaba ganando batallas, ahora se enfrentaba a lo que sería probablemente una secuencia de sitios en los que el coste de la victoria podría sobrepasar el valor del botín, y, además, en medio de un clima inusualmente caluroso y húmedo, que dificultaba el despliegue de la rápida caballería mongola. Cuando se enteró de la muerte de Ogodei, Batu, tal vez con una sensación de alivio, decidió regresar a la distante

Karakórum, la capital de los mongoles, para participar en las negociaciones para elegir al nuevo Gran Kan.

Los ejércitos mongoles se retiraron de Europa central, pero Rusia permaneció bajo su control, formando parte de los territorios de la Horda de Oro, como se llamaba a la porción occidental del inmenso Imperio mongol. En los relatos rusos convencionales, lo que siguió fueron más de dos siglos de despotismo asiático, durante el cual los rusos padecerían el «yugo mongol», aislados del resto de Europa. La verdad, por supuesto, es bastante más compleja.

## ¿El yugo mongol?

A los mongoles les iba más la conquista que la administración. La Horda de Oro, que se haría cada vez más autónoma, dado que el Imperio mongol era simplemente demasiado grande para ser gobernado como una sola entidad, construyó una capital propia en Sarái, al sudeste de Rusia, cerca de donde el bajo Volga desemboca en el mar Caspio. Los mongoles no estaban interesados en imponer su fe o sus costumbres a sus pueblos sometidos (desde mediados del siglo XIII, el islam se convirtió en su religión dominante). En lugar de ello, esperaban orden y tributo, sumisión y obediencia, y les parecía bien mantener a unos príncipes sometidos que les proporcionasen todo aquello. Aunque al principio los mongoles nombraron a sus propios gobernadores locales, los *baskaks*, pronto los retiraron cuando vieron que los príncipes rusos estaban dispuestos a colaborar con la Horda de Oro.

La mayoría de estos príncipes ya estaban acostumbrados a ser en el mejor de los casos peces grandes en estanques pequeños, debiendo fidelidad e impuestos a otros. En muchos aspectos, no era muy importante para ellos quién estuviese en la cima de la cadena alimentaria. Podían viajar hacia Sarái en la esperanza de recibir el *yarlyk* (mandato) para gobernar sus principados en nombre del kan. Cada cierto tiempo, una ciudad se rebelaría o no mostraría la deferencia requerida hacia algún dignatario mongol de viaje, y el resultado de ello serían represalias sangrientas. Más a menudo, príncipes rivales buscarían el apoyo de Sarái en sus propias disputas privadas y luchas dinásticas.

En líneas generales, fue una época de tolerancia religiosa (en 1267, el Gran Kan puso explícitamente a la Iglesia ortodoxa rusa bajo su protección, exonerándola de obligaciones fiscales y militares) y de floreciente comercio. Abrió especiales oportunidades a la ciudad de Moscú, y a la dinastía Ruríkida que la dirigía. Moscú había sido saqueada y quemada como muchas otras durante la invasión inicial, pero cuando se recuperó, sus príncipes demostraron ser los más rápidos y efectivos en comprender las nuevas reglas del juego. Se convertirían en los representantes más entusiastas, efectivos y despiadados de la Horda de Oro. Ya fuese recaudando impuestos o castigando rebeldes, los príncipes moscovitas harían entusiásticamente todo lo que Sarái necesitase, y se asegurarían de beneficiarse profusamente en el proceso.

Alexander Nevsky, que había sido príncipe de Nóvgorod antes de la invasión mongola y había salvado al noroeste de Rusia de los Caballeros Teutónicos (cruzados católicos que consideraban a los ortodoxos rusos como paganos, no mejores que los musulmanes), había apoyado desde el principio la cooperación con la Horda de Oro. A cambio, se le otorgó el título de *yarlik* o gran duque de Vladímir-Súzdal, que había sustituido al de Kiev en la práctica como el primero de los títulos principescos rusos. Los Ruríkidas intentaron, con considerable éxito, mantener este título en la familia a partir de entonces, y con él, el prestigio y las oportunidades de enriquecimiento que ofrecía. Moscú era una de las ciudades de su patrimonio, la menos importante de todas, por lo que, cuando Alexander murió, pasó a su hijo menor, Daniil, de dos años.

El sucesor de Nevsky, Yuri (r. 1303-1325), pasó dos años de politiqueo en Sarái y se casó con Konchaka, hermana de Uzbeg, kan de la Horda de Oro. No en menor medida gracias a esa inspirada alianza, fue también nombrado gran príncipe de Vladímir-Súzdal. No obstante, Moscú estaba todavía inmerso en una lucha con Riazán y, especialmente, Tver por el dominio sobre los principados rusos. A la muerte de Yuri, el príncipe Iván I (r. 1325-1341) mató dos pájaros de un tiro presentándose voluntario para sofocar una rebelión en la vecina Tver. No solo pudo dirigir un ejército mongol contra su rival, sino que recibió el premio habitual de ser nombrado gran príncipe.

Llegó a ser conocido como Iván Kalita, «Bolsas de Dinero», por la riqueza que acumuló. El dinero y el poder tienden a atraer más dinero y más poder, e Iván usó esos recursos para comenzar el proceso de expansión de los dominios de Moscú. Compró algunos principados más pequeños como Beloózero y Úglich, mientras que otros, como Rostov y Yaroslavl, pasaron al control de la dinastía mediante matrimonio. Lo que los Ruríkidas tomaban se lo quedaban. Iván instituyó la práctica de las herencias mediante primogenitura: toda la propiedad pasaba al hijo varón mayor en lugar de ser dividida en múltiples herencias. El negocio familiar permaneció concentrado y floreciente.

El sucesor de Iván, Simeón el Orgulloso (r. 1341-1353) comenzó a poner sus ojos en Nóvgorod, apoderándose de la lucrativa ciudad de Torzhok. Iván II (r. 1353-1359) tuvo menos éxito, en gran medida porque en esos momentos Rusia se vio asolada por la peste negra, que mató quizá a una cuarta parte de la población. Iván era considerado débil y pasivo para los cruelmente oportunistas estándares de los Ruríkidas. Su hijo Dmitri (r. 1359-1389), en cambio, era audaz e imaginativo, e hizo una apuesta que podría haber resultado desastrosa, pero que resultó ser el verdadero origen del dominio moscovita sobre todos los rus'.

## Dmitri y Kulikovo

El príncipe Dmitri se encontraba en una situación estratégica distinta a la de sus predecesores. La Horda de Oro estaba en decadencia: su vigor había disminuido, sus líderes luchaban entre ellos y el valioso comercio a lo largo de la Gran Ruta de la Seda, que se extendía por toda Eurasia, era cada vez más escaso. Mientras tanto, Moscú había alcanzado lo que parecía ser la cúspide de su poder, y había preocupantes señales de lo que podía ser su propia caída. La ciudad estaba ahora tachonada de catedrales y rodeada de fortalezas. En 1325, el patriarca Piotr, líder de la Iglesia ortodoxa rusa,

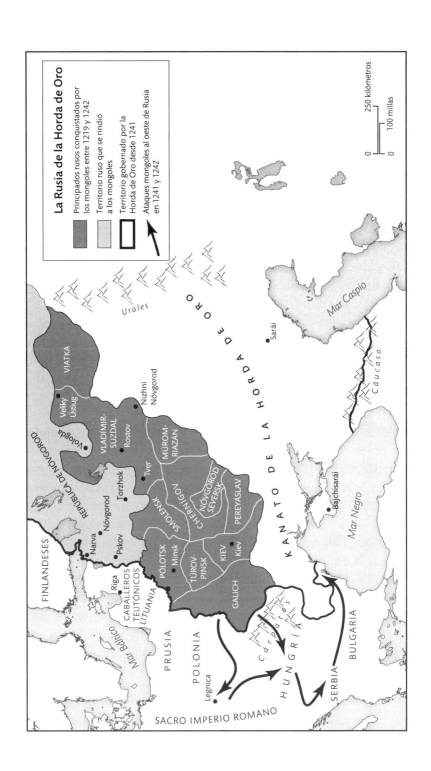

La Rusia de la Horda de Oro

Principados rusos conquistados por los mongoles entre 1219 y 1242

Territorio ruso que se rindió a los mongoles

Territorio gobernado por la Horda de Oro desde 1241

Ataques mongoles al oeste de Rusia en 1241 y 1242

250 kilómetros

100 millas

Urales

KANATO DE LA HORDA DE ORO

Mar Caspio

Saráï

Cáucaso

VIATKA

Veliky Ustiug

Vologda

Nizhni Nóvgorod

VLADIMIR-SUZDAL

Rostov

MUROM-RIAZÁN

Tver

REPÚBLICA DE NÓVGOROD

Torzhok

SMOLENSK

CHERNÍGOV

NÓVGOROD SEVERSK

PEREYÁSLAV

Nóvgorod

Pskov

Narva

PÓLOTSK

Minsk

TÚROV-PINSK

KIEV

Kiev

Bajchisaráï

Mar Negro

FINLANDESES

Riga

CABALLEROS TEUTÓNICOS

LITUANIA

PRUSIA

Mar Báltico

GALICH

POLONIA

Legnica

Cárpatos

HUNGRÍA

SERBIA

BULGARIA

SACRO IMPERIO ROMANO

trasladó su sede a Moscú —no a Kiev ni a Vladímir—, convirtiéndola en la capital espiritual de todas las Rusias.

Pero no su capital política. Nóvgorod se mostraba cada vez más desdeñosa ante las aspiraciones hegemónicas de Moscú. Riazán y Tver eran abiertamente hostiles. El Gran Ducado de Lituania suponía una creciente amenaza en el noroeste, y la estrecha conexión con la Horda de Oro, que una vez fue fuente de riqueza y seguridad, se estaba volviendo en el mejor de los casos menos útil, y en el peor, un verdadero problema. Significaba, después de todo, que era más probable que la ciudad se viese arrastrada a las luchas intestinas de Sarái. Esta había sido dominada durante las décadas de 1360 y 1370 por el emir Mamái de los jochids, un conspirador que, al final, se pasó de listo. Intentó enfrentar a Moscú y Tver, primero otorgando a Dmitri el *yarlyk* de gran príncipe de Vladímir y después dándoselo al príncipe Mijaíl de Tver cuando Dmitri no pagó el tributo completo que Mamái había demandado. La verdad era que Mamái necesitaba más y más plata para alimentar sus propias intrigas políticas en Sarái, y estaba realizando demandas poco realistas. En última instancia, Dmitri tomó cartas en el asunto, sitió Tver y obligó a Mijaíl a cederle Vladímir. Fue un momento significativo: unos príncipes rusos decidiendo el destino de una ciudad entre ellos en lugar de esperar a la decisión de Sarái.

En esos momentos, el príncipe Dmitri no era un rebelde nacionalista. No estaba intentando separar a Rusia del control de Sarái. Simplemente quería aprovechar el momento propicio para renegociar en provecho de Moscú los términos de la relación con la Horda de Oro. No obstante, Mamái se enfrentaba a un nuevo y aterrador rival llamado Toqtamish. Mamái era un conspirador, no un general como Toqtamish. Necesitaba dinero para comprar ejércitos y aliados —algo que tendría que extraer de una Rusia más bien reacia—, y también necesitaba demostrar que era un líder guerrero. Para conseguir todo ello, en 1380 demandó un tributo aún mayor que el normal. Anticipando que Dmitri no querría o no podría cumplir, comenzó a preparar una poderosa expedición contra Moscú para extraer el tributo por la fuerza y, al mismo tiempo, demostrar su valor como líder militar.

Dmitri no quería la guerra —su primer instinto había sido intentar reunir el dinero—, pero cuando se enteró de la invasión de Mamái, decidió hacer de la necesidad virtud. Si tenía que luchar, convertiría esa guerra en una rebelión contra la Horda de Oro y la usaría para intentar consolidar el control de Moscú sobre los rus' y reescribir su reputación, convirtiendo a la ciudad colaboracionista en la vanguardia de la independencia de Rusia.

«Lobos grises aullaban desde las desembocaduras del Don y el Dniéper —reza la épica *Zadonschina*— dispuestos a lanzarse sobre la tierra rusa. Pero estos no eran lobos grises, sino despiadados tártaros que querían atravesar a sangre y fuego todas las tierras de los rus'». Mamái había reunido una fuerza de quizá cincuenta mil soldados: mongoles-tártaros, auxiliares armenios, mercenarios genoveses de sus factorías comerciales en Crimea. A su encuentro marchaban cinco mil lituanos bajo el mando del gran duque Jogaila y —con cierta reticencia— un millar de hombres bajo el mando del príncipe Oleg de Riazán, cuya ciudad sudoriental estaba demasiado cerca de Sarái para arriesgarse a desafiarla. Dmitri logró reunir unos treinta mil hombres, la mitad de ellos de Moscú y sus ciudades sometidas. En parte, esta desproporción refleja las profundas sospechas de los otros príncipes ante las ambiciones de Moscú: Nóvgorod, Tver e incluso el suegro de Dmitri, el príncipe Dmitri Konstantínovich de Súzdal, se mantuvieron al margen.

Los dos ejércitos se encontraron en Kulikovo, con Mamái impaciente por conseguir una victoria antes de que el invierno cerrase la temporada de campaña, y Dmitri desesperado por forzar una batalla con su enemigo antes de que fuese reforzado por los contingentes de Riazán y Lituania. Fue una lucha brutal y sangrienta —«los hombres caían como el heno bajo la guadaña, y la sangre fluía como el agua de la corriente»—, pero la resolución y la astucia rusas finalmente lograron la victoria. Dmitri tendió una trampa de última hora al flanco de Mamái y derrotó a su ejército. Perdió quizá una tercera parte de su tropa, pero ganó un gran botín, y, lo que es más importante, la reputación como el campeón ruso que había derrotado a la invencible Horda de Oro.

Es aquí donde el mito y la realidad divergen más profundamente. Sin duda, se trató de un triunfo militar, pero no de un punto de inflexión político. Mamái encontraría su final en Crimea, asesinado por los genoveses, a cuyos mercenarios él había dejado morir para ganar tiempo y huir. Toqtamish consolidaría su poder y regresaría con un nuevo ejército, incendiaría Moscú y obligaría a Dmitri Donskói a doblar la rodilla. Los rusos seguirían siendo vasallos de los kanes mongoles-tártaros hasta el Gran Encuentro en el Río Ugra en 1480, en el que los rusos serían dirigidos por el gran príncipe Iván III (r. 1462-1505), el biznieto de Dmitri. En el siglo transcurrido entre un hecho y otro, Moscú continuaría con la que llegó a ser conocida como la «reunión de las tierras rusas», un proceso de dos pasos adelante y un paso atrás de consolidación de su control sobre los distintos principados. No obstante, los príncipes seguirían viajando a Sarái para ser confirmados en sus puestos, y las guerras dinásticas y las rivalidades entre ciudades seguirían como de costumbre.

## El final del dominio extranjero

Hasta aquí la realidad. El mito popularizado en esa época, y desarrollado asiduamente los siglos sucesivos, hablaba de una victoria decisiva y dramática que confirmó la posición de Moscú no solamente como el primer principado de las Rusias, sino también como un principado respaldado por Dios. Después de todo, Dmitri Donskói había cultivado el apoyo de la Iglesia y se había hecho acompañar por comerciantes extranjeros a Kulikovo, para que pudieran difundir las noticias de su victoria. Aunque sus sucesores se enfrentarían a desafíos serios, Dmitri ciertamente evitó el temido declive inminente de Moscú. Ahora, Kulikovo es un santuario del nacionalismo ruso, y en 1988 Dmitri fue reconocido como santo de la Iglesia ortodoxa rusa. En 2010, el patriarca Kirill dijo que «la batalla demostró al mundo entero que Rusia es como una espiral poderosa, capaz de estirarse y expulsar a cualquier oponente y luego derrotarlo».

En líneas generales, la era del llamado «yugo mongol» se ha convertido en un elemento central en la idea imaginaria que Rusia tiene de sí misma, y también de la de muchos extranjeros. La opinión generalmente aceptada es que el dominio mongol separó a Rusia de una Europa que en ese momento estaba viviendo el Renacimiento y los estadios iniciales de la Reforma. En lugar de experimentar los cambios culturales, sociales, económicos y religiosos de esos siglos, los pobres rusos estaban perdidos en lo que Karl Marx llamó imaginativamente «la sangrienta ciénaga de la esclavitud mongola». Mientras, los rusos internalizaron despiadadas formas «asiáticas» de gobierno, en las cuales el poder absoluto era ejercido desde arriba con absoluta brutalidad, demandando una sumisión absoluta de los de abajo. Moscú, siendo la ciudad más estrechamente vinculada a la Horda de Oro, es la que adoptó con más entusiasmo esta cultura política, y, a medida que iba reuniendo bajo su poder a todas las tierras rusas, las iba convirtiendo en una imagen de sí misma.

Tal vez. Hasta cierto punto hay algo de verdad en ese relato, pero se trata solo de la verdad parcial de la caricatura. En primer lugar, la conquista mongola no encerró a Rusia detrás de un «telón de fieltro». Comerciantes y emisarios, exiliados y misioneros, seguían viajando de un lado a otro. Nóvgorod mantuvo su posición en el Báltico, y los príncipes moscovitas concertaron matrimonios dinásticos con Constantinopla y Lituania. La dificultad del viaje este-oeste, sin unas adecuadas vías fluviales, a través de bosques, y la pobreza relativa de Rusia son probablemente explicaciones igualmente válidas del aislamiento. Después de todo, ¿habría habido un Renacimiento en Rusia si hubiera escapado de la invasión mongola? En gran medida, este movimiento, que se extendió desde su epicentro en las ciudades italianas y holandesas, fue el resultado de una mejora en la producción agraria y el surgimiento de una floreciente clase mercantil y urbana. La invasión mongola ciertamente retrasó la urbanización rusa y su economía artesanal urbana, y la carga añadida del tributo tuvo también un impacto en el comercio y la expansión agraria. Pero, incluso teniendo en cuenta estos factores, es difícil imaginar un Renacimiento en medio de los profundos bosques de Rusia.

Algunos historiadores han argumentado, igualmente, que los rusos terminaron adoptando estilos mongoles de gobierno. En parte, esta idea se basa en los numerosos términos relacionados con el gobierno que el ruso ha tomado prestados de los mongoles, desde el *yarlyk* (que ahora se usa para referirse a un sello de aduanas) hasta el *dengi* (dinero). No obstante, el absolutismo no es ciertamente una invención asiática, y el término *zar*, emperador, que con el tiempo sería adoptado por los príncipes de Moscú, tiene sus raíces en el latín *caesar*, y se aplicaba, en realidad, a los gobernantes bizantinos.

Los fundamentos del gobierno autoritario en Rusia podrían encontrarse tanto en Kiev, que tenía a Constantinopla como modelo, como en la Moscú devota de Sarái. Aunque es indudable que la Horda de Oro tuvo una mayor influencia en esta última, en buena medida porque muchos de sus príncipes pasaron años entre sus amos mongoles, es un mito conveniente para todo el mundo el culpar al «yugo» de una supuesta predisposición rusa hacia el despotismo. Para los rusos, los mongoles servían de coartada. Para los críticos extranjeros de Rusia, en el pasado y en la actualidad, proporciona una forma perfecta de verlos como «los otros», de definirlos no como europeos del este, sino como asiáticos del oeste, o, en el mejor de los casos, como un híbrido bastardo. «Escarba dentro de un ruso —decía un aforismo francés del siglo XIX— y te encontrarás con un tártaro».

La autoridad de la Horda de Oro sobre los rusos era mucho más condicional de lo que se asume generalmente, y a menudo dependía del apoyo de príncipes locales. Al mismo tiempo, frecuentemente eran los propios príncipes los que usaban a Sarái para perseguir sus propios planes y fomentar sus propios intereses. Pasemos por alto la devastación de la invasión inicial —que, hay que reconocer, es mucho pasar por alto— y podríamos encontrar las raíces del absolutismo ruso en las circunstancias objetivas de la época y del lugar: una tierra pobre, en la cual los príncipes necesitaban controlar sus ciudades y a sus campesinos para extraer tantos impuestos como pudieran de ellos. Una tierra donde —aparte de las admirablemente rápidas rutas postales *yam* de los mongoles— las noticias y las órdenes viajaban lentamente. La tendencia subsiguiente a la autonomía demandaba un tratamiento especialmente duro por parte de los señores —mongoles o rusos— como disuasión. Sin duda, la Horda de Oro, como Constantinopla antes que ella, les enseñó unas cuantas cosas sobre la práctica y el lenguaje del poder, otra capa de escritura en el palimpsesto. Pero Rusia era todavía un país propio, e Iván III —Iván el Grande— y sus sucesores estaban a punto de tener la oportunidad de mostrar qué clase de país era.

*Lecturas adicionales. Medieval Russia 980-1584* (Cambridge, 2007), de Janet Martin, es todavía el mejor libro de texto general para esta era, aunque la primera parte de *The Formation of Muscovy, 1304-1613* (Longman, 1987), de Robert O. Crummey, vale mucho la pena. *Russia and the Golden Horde: The Mongol Impact on Medieval Russian History* (John Wiley, 1985), de Charles Halperin, y *Muscovy and the Mongols: Cross-cultural Influences on the Steppe Frontier, 1304-1589* (Cambridge, 1998), de Donald Ostrowski, son los clásicos académicos sobre el tema. *The Story of the Mongols, whom we call the Tatars* (Branden, 1996), es una traducción del relato de los viajes hasta Karakórum en el siglo XIII de Giovanni DiPlano Carpini. Para aquellos que quieran saber más sobre Kulikovo, y sobre lo que sabemos y no sabemos de la batalla, me ocupo de ello en *Kulikovo 1380: The battle that made Russia* (Osprey, 2019).

# 03

# «Autocracia, por la voluntad de Dios»

## Cronología

| | |
|---|---|
| **1462** | Iván III el Grande se convierte en príncipe de Moscú. |
| **1480** | El Gran Encuentro en el Río Ugra: final del vasallaje a la Horda de Oro |
| **1497** | Adopción del código legal Sudebnik |
| **1533** | Iván IV el Terrible coronado gran príncipe a los tres años de edad |
| **1547** | Iván IV coronado zar |
| **1549** | Primer *Zemsky Sobor* |
| **1550** | Nuevo Sudebnik, creación de los *streltsy* |
| **1551-1553** | Conquista del kanato de Kazán |
| **1565-1572** | *Oprichnina* |
| **1584** | Muerte de Iván |
| **1605-1613** | Época de los tumultos |
| **1613** | Mijaíl Romanov elegido nuevo zar |

S iempre es duro convivir con un padre vergonzante, como dirá cualquier adolescente. Para Rusia, no obstante, es embarazoso admitir —pero imposible de ignorar— que mucho de lo que hoy la define, desde las instituciones del Estado hasta su expansión al sur y al este, puede retrotraerse al reinado de Iván IV, conocido como Iván el Terrible. Lo cierto es que una mejor traducción del ruso *Grozny* sería Iván el Temido, o incluso Iván el Increíble, aunque parezca que nos estemos refiriendo a un surfista californiano. Desde cualquier punto de vista, era un personaje extraordinario, que construyó los fundamentos del moderno Estado ruso, creó un país dentro de un país, desató el terror entre su pueblo e incluso le ofreció a la reina Isabel I de Inglaterra su mano en matrimonio (era una oferta que podía rechazar).

Detalle del cuadro de Iliá Repin, *Iván el Terrible y su hijo
Iván el viernes 16 de noviembre de 1581* (1885)

El angustioso cuadro de Iliá Repin recoge el momento, en 1581, en el que, en un arrebato de rabia, Iván golpeó a su hijo en la cabeza, matándolo. El sombrío amo de todas las Rusias se ve reducido a un horror estupefacto, con sus ojos abiertos como platos evocando los ciclos de remordimiento y paranoia en los que se vio sumido en sus últimos años. Más allá de la tragedia personal, este hecho dejó al frágil y solitario Fiódor como su único heredero, y, como consecuencia de ello, generó una serie de acontecimientos que arrojarían a Rusia a una vorágine de rebelión, invasión, golpes de Estado y caos.

De esta «Época de los Tumultos» emergería la nueva dinastía Romanov, que gobernaría Rusia hasta 1917, pero, aunque muchas historias de Rusia ven este momento como un punto de inflexión crucial, de hecho, la transición real de la Rusia posmongol formada por una colección de principados enfrentados al Estado moscovita tuvo lugar antes. Iván III (r. 1462-1505) comenzó este proceso, pero fue su nieto, Iván IV (r. 1533-1584), el que conformó el futuro de Rusia, primero como constructor y luego como destructor del Estado.

## La reunión de las tierras rusas

Todo el mundo camina a hombros de otros, e Iván solo podía ser el Increíble porque sus predecesores habían sido inteligentes, despiadados y habían tenido un objetivo claro. Anteriores grandes príncipes como Iván I Kalita habían comenzado el proceso de «reunión de las tierras rusas» a manos de Moscú, y Dmitri Donskói hizo mucho por las aspiraciones hegemónicas de la dinastía. Su hijo, Iván III, adquirió el sobrenombre de «el Grande», no en menor medida por la masiva expansión de los dominios moscovitas. Dinámico e inflexible, unificó las tierras rusas a través de la conquista, la diplomacia y el soborno. Nóvgorod fue finalmente doblegada, forzada en 1478 a someterse a su viejo rival y entregar más de las tres cuartas partes de su territorio. En 1480, sus ejércitos se enfrentaron a las fuerzas de la Gran Horda en las orillas del río Ugra, terminando finalmente con la más mínima ficción de subordinación a los mongoles-tártaros. Al oeste, pleiteó con los suecos y tomó ciudades a los lituanos.

Igualmente importantes fueron los cambios que Iván III introdujo en la ideología y las instituciones del poder. En 1453, Constantinopla había caído finalmente ante el Imperio otomano. La aspiración de Moscú a ser la «Tercera Roma», el último bastión del verdadero cristianismo ortodoxo, se convirtió en una convicción. Iván, cuya segunda esposa era la princesa bizantina Sofía Paleólogo, se basó en este parentesco para afirmar ser el heredero político del Imperio romano de Oriente. Nunca fue un hombre que sufriese de inseguridad o humildad, y se hizo cada vez más autocrático. El águila bicéfala de Constantinopla fue adoptada como símbolo de Moscovia, y comenzó a utilizarse la etiqueta de la corte bizantina. A pesar de los intentos de Roma en ese sentido, Iván dio un portazo a todo acuerdo; la Iglesia ortodoxa floreció, y brotaron nuevos monasterios y catedrales por todo el país como setas después de la lluvia. Con todo ello vino un nuevo conservadurismo.

Anteriormente había habido algún raro ejemplo de mujeres jugando un papel serio —la cosmopolita Nóvgorod tuvo incluso una alcaldesa, Marfa Boretskaya—, pero hacia el siglo XVI, los boyardos empezaron a confinar a sus hermanas, esposas e hijas a la reclusión del *terem*, unas habitaciones separadas en las que se las alejaba de la mirada pública y del trato con los hombres.

Iván gastó profusamente para hacer de Moscú, que ya era casi el doble que Praga o Florencia, una sucesora digna de Zargrado. Invitó a arquitectos italianos a expandir el complejo fortificado del Kremlin y a construir torres y catedrales con el tributo proveniente de sus nuevos súbditos. El simbolismo refleja cambios en el poder real. Tradicionalmente, se esperaba que el gran príncipe al menos pretendiese consultar con los boyardos, los grandes señores de la tierra, pero Iván decidió tratarlos como simples súbditos. Aunque sería su nieto, Iván IV, el que adoptaría por vez primera el título de *zar* —emperador—, fue no obstante en esta época cuando el título empezó a ser empleado.

En 1497, los distintos territorios de Moscovia adquirieron su primer sistema legal estandarizado, el Sudebnik, o Código de Leyes. Su subtexto era poco sutil e inexorable: el control cada vez más fuerte ejercido por el gran príncipe sobre cualquiera, desde los funcionarios locales, que ahora tenían menos discrecionalidad, hasta los campesinos, a los que solo se les permitía moverse a un nuevo pueblo y someterse a un nuevo amo en dos semanas de cada noviembre antes y después del Día de san Jorge.

Cuando tomó las tierras de Nóvgorod, Iván aprovechó la oportunidad de crear una nueva clase de soldados detentadores de tierras, los *pomeshchiki*, a los cuales asignó tierras suficientes para vivir a cambio de su servicio militar. De hecho, esto se convirtió en el modelo para toda la elite dominante, que fue integrada en las complejas jerarquías del sistema denominado *mestnichestvo* (no existe una traducción real: literalmente, significa «posición-ismo»), que vinculaba el estatus al servicio al gran príncipe. Una mezcla de familias nobles separadas y a menudo enfrentadas entre sí fueron transformadas — en teoría— en una única aristocracia de servicio. Incluso los príncipes de ciudades sometidas ya no tenían una consideración regia, y sus territorios ya no podían ser dejados a sus herederos. La autocracia había llegado a Rusia, y todas esas tradiciones incómodas de autogobierno local e independencia principesca fueron relegadas a la historia.

## Zar naciente

Basilio III (r. 1505-1533) consolidó los éxitos de su padre, Iván III, pero su muerte, en 1533, dejó a su hijo y heredero, Iván, como gran príncipe a la tierna y vulnerable edad de tres años. La muerte de su padre fue solo el primero de una serie de traumas que conformarían, o quizá deformarían, al hombre que se convertiría en el primer zar de Rusia. Su madre, Yelena Glinskaya, gobernó inicialmente como regente en su nombre, pero murió cinco años después a causa de lo que todo el mundo asume que fue un envenenamiento. La regencia se convirtió en un botín político por el que combatían las grandes familias boyardas de los Shuiski, Belski y Glinki, y, mientras tanto, el desatendido niño príncipe recorría solo las habitaciones de lo que se suponía que era su palacio, obligado a asaltar la cocina para comer las sobras.

En sus cartas posteriores —cuya autenticidad, para ser justos, ha sido cuestionada— criticaba la forma en la cual él y su hermano Yuri (que era sordo y, por tanto, inelegible para el trono) eran tratados «como vagabundos e hijos de los más pobres». Era un entorno difícil e incluso peligroso, y ciertamente contribuyó a la búsqueda infructuosa, que le ocupó toda su vida, de seguridad, ya fuese física, política o moral. Por otro lado, fue un laboratorio en el que el joven príncipe aprendió rápido y bien las brutales artes de la política moscovita. En 1541, el kanato de Kazán invadió Moscovia desde el sur, apoyado por tropas otomanas. El gran príncipe, de once años, no jugó ningún papel significativo en la subsiguiente victoria rusa, pero los regentes le usaron como estandarte y mascota virtual, y, así, obtuvo parte del mérito por el triunfo. En una época en la que los presagios eran vistos como símbolos de lo más reales del favor (o la ira) divino, esos triunfos simbólicos tenían su importancia.

En la corte, Iván estaba empezando a encontrar su lugar. Los Shuiski eran la facción dominante, e intentaron aislar al joven príncipe rodeándole de compañeros pendencieros y juerguistas para distraerle con la bebida, la caza y cualquier otra violenta afición aristocrática. Ciertamente, participó en todas esas distracciones, pero no perdió de vista lo que, mientras tanto, los arrogantes y corruptos Shuiski estaban haciendo en su nombre. En diciembre de 1543, cuando solo tenía quince años, Iván ordenó el arresto del príncipe Andréi Shuiski, que fue seguidamente asesinado a golpes por los encargados de sus perros. Mediante esta acción, el legítimo gran príncipe hacía una clara demostración de su poder y de su determinación de gobernar. En los siguientes años, Iván y los boyardos mantuvieron una relación más bien embarazosa y a menudo hostil. Les necesitaba para que gobernasen el país en su nombre, pero no confiaba en ellos, y sus virajes erráticos, de las denuncias y las detenciones a la conciliación, reflejaban esta tensión fundamental. Necesitaba alguna base nueva para consolidar el control que ejercía sobre ellos y —en lo que era la búsqueda permanente de Iván— lograr sentirse seguro. Encontró una posible respuesta en llevar las reformas de su abuelo un paso más allá.

En 1547, el gran príncipe fue coronado zar de todas las Rusias, un ascenso simbólico marcado por el uso en la ceremonia del gorro de Monómaco, una corona que se suponía que había sido presentada por el emperador bizantino Constantino IX Monómaco a su nieto, Vladímir Monómaco, fundador de Vladímir. Esto es, por supuesto, un mito: Constantino y Vladímir eran gobernantes del siglo XI, y la corona fue fabricada en el siglo XIII. Sin embargo, como siempre, los hechos ocupan un segundo lugar cuando se trata de construir narrativas de poder y autoridad. Los grandes príncipes, a pesar de todo su poder y autoridad, eran primeros entre iguales, y en la era del *veche* esa robusta tradición de igualitarismo había sobrevivido. Ahora, el gobernante de Rusia tenía que ser considerado no meramente un príncipe o un rey, sino un emperador, lo que venía acompañado del mandato divino de defender la verdadera fe ortodoxa, pero también de la misión de ser el intermediario del pueblo entre Rusia y Dios. Campesino o boyardo, soldado o sacerdote, todos serían súbditos de una única autoridad, respaldada por la promesa del cielo y la amenaza del infierno.

## Construyendo un Estado

No obstante, la autoridad de Iván no se basaba puramente en el terror, los ropajes y un nuevo título, ni tampoco veía necesariamente el poder como un fin en sí mismo. Este hombre violento e impredecible era genuinamente piadoso, y no se tomó su nuevo papel a la ligera. En los años de la regencia y las luchas intestinas de los boyardos, el poder de Moscú sobre el país se había debilitado, y el desgobierno había dado lugar a revueltas locales. Desde la nobleza, pasando por los comerciantes y los artesanos urbanos, hasta llegar a los campesinos, parece que había la sensación general de que se necesitaban reformas, orden y poner fin al tipo de competencia y explotación canibalística que se había convertido en la norma.

Se embarcó en una serie de reformas que cambiarían Rusia, culminando de manera despiadada pero efectiva los procesos iniciados por sus predecesores. Bajo su mando, se establecieron los fundamentos de la burocracia estatal rusa, se siguieron codificando nuevas leyes y se definieron las relaciones entre la Iglesia y la Corona. En 1549, Iván se dirigió a una reunión de aristócratas y del Consejo Sagrado de la Iglesia. Denunció a los boyardos, pero, en nombre de la reconciliación, les garantizó que no les castigaría por sus fechorías. La amenaza de lo que les haría si le desafiaban en el futuro, no obstante, colgaba sobre sus cabezas como el hacha del verdugo. Anunció el comienzo de un programa amplio de reformas para fortalecer y regularizar el Estado. Al día siguiente, redujo los poderes de los *namestniks*, gobernadores que se habían convertido en tiranos locales durante su minoría de edad. Al año siguiente, se aprobó un nuevo código legal que introducía un escrutinio mayor de los funcionarios por parte de una cancillería real. Esto significaba crear un aparato funcionarial centralizado virtualmente desde cero. Estas son las raíces del Estado ruso moderno; el Ministerio del Bandidaje de Iván es el antepasado del moderno Ministerio de Interior, por ejemplo, mientras que Iván Viskovaty, fundador de la Oficina de los Embajadores, es considerado por el moderno Ministerio de Asuntos Exteriores como el primer ministro de Exteriores del país.

La Iglesia no escapó al celo reformista de Iván. En 1551, los líderes religiosos de todo el país se reunieron en lo que llegó a ser conocido como el Consejo de los Cien Capítulos. Reflejando al mismo tiempo su programa político y su nuevo estatus como gobernante ungido por Dios, Iván estableció la agenda con una lista de cuestiones sobre cómo solucionar los abusos del clero. El resultado fue un documento que trajo una nueva unidad a la Iglesia ortodoxa rusa, pero solo reconociendo aún más rotundamente su compromiso con la institución del zarismo.

Sus reformas sin duda modernizaron el país. Los boyardos se vieron crecientemente forzados al servicio directo del Estado y desafiados por una nueva generación de secretarios y *pomeshchiks*. La vieja práctica de permitir a los funcionarios que se sustentasen a sí mismos mediante *kormleniye* — «alimentación»; en otras palabras, extorsionando pagos a quienes estaban bajo su mando cuando y como quisieran— fue prohibida y reemplazada por un salario o, más frecuentemente, aplicando el sistema *pomestiye* de tierra a cambio de servicio. Poco a poco, la faccional y orgullosa nobleza fue obligada a convertirse en una clase de servicio dependiente del Estado.

Sobre la base de los esfuerzos anteriores de Iván III, Iván IV estaba creando un nuevo tipo de monarquía que derivaba su legitimidad de un derecho hereditario y divino, y su poder, de su capacidad de representar y equilibrar diferentes estratos sociales: los boyardos, los *pomeshchiks*, la Iglesia, los habitantes de las ciudades, los campesinos. Todos ellos estaban representados en el *Zemsky Sobor*, la Asamblea de la Tierra, que, al menos durante su reinado, era poco más que un Parlamento que rubricaba las decisiones regias. Era también ambicioso y enérgico, y estaba ansioso por usar los frutos de sus campañas para asegurar las fronteras del país y expandirlas. La ironía es que su éxito traería nuevas amenazas a las puertas de Rusia.

### Un imperio que se expandía sigilosamente

Parte de la visión de Iván de un Estado más fuerte era transformar un aparato militar feudal basado en la reunión del séquito de cada aristócrata, y, por tanto, dependiente de su lealtad y eficiencia, en un ejército monárquico. Para ello, en 1550 creó los *streltsy* (literalmente, «tiradores»), una fuerza de soldados leales a la Corona. Mientras que la nobleza todavía luchaba a caballo, los *streltsy* eran soldados de infantería, armados con arcabuces, las primeras armas de fuego portátiles, junto con la pica rusa tradicional, el *berdysh*. Lo importante es que no eran ni conscriptos ni aristócratas nacidos para desempeñar ese papel, sino, originalmente, voluntarios de la ciudad y el campo. Con el tiempo, el servicio en los *streltsy* pasaría a ser un derecho vitalicio y hereditario, y sus salarios se verían complementados con pequeñas parcelas de tierra y el derecho a practicar el comercio y la artesanía cuando no estaban entrenando o en campaña.

Por un lado, eran la expresión de la constante necesidad de Iván de crear un entorno seguro para sí mismo, una fuerza militar que guardaría el Kremlin y patrullaría Moscú, y que era independiente de los boyardos. No obstante, también incrementó sustancialmente la capacidad militar rusa, facilitando la expansión, planeada y no planeada, de las fronteras rusas. La primera campaña en que fueron empleados fue la exitosa conquista del kanato de Kazán en 1552. Iván no había olvidado que el kanato había intentado invadir Rusia durante su minoría de edad, y estaba decidido a terminar con esta vieja amenaza de una vez por todas. La tradicional habilidad rusa para trabajar la madera fue puesta en práctica en 1551 con la construcción de un fuerte en Sviyazhsk, en el Volga, en solo cuatro semanas, a partir de componentes fabricados en Úglich y transportados a través del río. El verano siguiente, Iván lanzó su ofensiva, enviando un ejército a sitiar Kazán, batirla con ciento cincuenta cañones y después tomarla por asalto. La crónica de la ciudad (una fuente probablemente cuestionable) calculaba que murieron 110.000 personas, y que más de 60.000 esclavos rusos fueron liberados.

El sur estaba en manos de Iván —el kanato de Astracán fue anexionado en 1556—, pero probablemente no llegó a apreciar el verdadero significado de esta expansión. En primer lugar, marcó el comienzo de la transformación de Rusia, hasta ese momento una nación esencialmente homogénea, formada por una única etnia y con una misma fe. A medida que el imperio se expandía, acabó abrazando nuevos pueblos, nuevas culturas y nuevas religiones, como los musulmanes túrquicos de los kanatos. También puso a Rusia en ruta de colisión con el Imperio otomano, que tenía sus propias ambiciones imperiales en las tierras comprendidas entre los mares Negro y Caspio. En 1569, en la primera de lo que sería una larga serie de guerras ruso-turcas a lo largo de siglos, los otomanos lanzaron un ataque frustrado sobre Astracán. Creyendo que se enfrentaban a una amenaza rusa inminente, y estando bajo la protección otomana, en 1571, el último superviviente de los kanatos, el de Crimea, lanzó un ataque que llegó a las murallas de Moscú. Iván había intentado finalizar una amenaza y, en su lugar, había creado un enemigo.

Igualmente, hacia el oeste, Rusia se vio enfrentada a Suecia, Lituania, Polonia y Dinamarca por el acceso al mar Báltico y sus lucrativas rutas comerciales. La guerra de Livonia de 1558-1583, que en realidad fue una serie de campañas y guerras intermitentes y más bien rudimentarias entre Rusia y uno o más de sus rivales occidentales, terminó en una tregua, un punto muerto inestable, no en una victoria real. Por el contrario, Rusia había perdido miles de hombres, numerosos botines y pequeñas porciones de su territorio. Pero lo más importante es que el crecimiento del Estado ruso y el hecho de que pudiese embarcarse en serias aventuras militares en el norte de Europa significaba que, de ser un país atrasado y relativamente ignorado, Rusia era ahora considerada un jugador serio y, en ese sentido, una amenaza igualmente seria, por parte de algunas de las mayores potencias europeas de la época. Iván había empezado a construir un imperio, y se había convertido en una amenaza.

La verdadera expansión de Rusia en esta época fue hacia el este, hacia los bosques y las estepas vagamente reclamadas como suyas por el kanato siberiano, pero vistas por Moscú como listas para ser explotadas. Esta expansión fue esencialmente subcontratada a ambiciosos aventureros, entre los que destacaba la rica familia Stroganov, que financió una serie de expediciones para conquistar tierras y estableció fuertes con el objetivo de conseguir el «oro suave» —pieles— y los beneficios asociados a los impuestos y el control del comercio. Al igual que en el caso de la conquista europea del Nuevo Mundo, el imperio, los negocios, la explotación y los impuestos avanzaban juntos. Los burócratas seguían a los aventureros, dado que la necesidad de recaudar impuestos llevaba a su vez a la necesidad de enviar a alguien que de alguna manera administrase este territorio en expansión. Por el momento, no obstante, esta era una frontera abierta que atraía a toda clase de renegados y fugitivos, mercenarios y exploradores, ladrones y especuladores. Durante el siglo siguiente, Rusia crecería aproximadamente en unos 35.000 kilómetros cuadrados (13.500 millas cuadradas) de media anualmente, más o menos el tamaño actual de los Países Bajos o el estado de Maryland. Iván esperaba obtener ciertas ganancias, y, de forma imprevista, se encontró con un imperio.

## Terror y paranoia

Sin embargo, la tradición del gobierno personalizado casaba mal con los nuevos estilos, más europeos, de guerra y gobierno. Iván acabaría desatando unos impulsos asesinos que llevarían al interregno de conflicto civil e invasiones conocido como la «Época de los Tumultos». Por la razón que sea —su infancia traumática, el dolor causado por la enfermedad de los huesos que le estaba dejando poco a poco paralítico, la paranoia clínica—, su búsqueda de seguridad adoptaría formas cada vez más erráticas y destructivas.

En 1560 murió su primera mujer, Anastasia Romanovna, desapareciendo así lo que había sido una influencia moderadora. Jerome Horsey, un comerciante de la Compañía Inglesa de Moscovia, afirmó que «ella le gobernaba con una admirable afabilidad y sabiduría». Al parecer, Iván sospechaba que había sido envenenada, como su madre. Mientras tanto, la guerra de Livonia iba mal, continuaba la resistencia a las reformas y, en 1564, uno de sus más cercanos consejeros, el príncipe Andréi Kurbski, desertó a Lituania. Las sospechas del zar contra la nobleza, profundamente asentadas desde la infancia, se expandieron en su interior como una metástasis.

Iván se dirigió a la ciudad fortificada de Aleksandrova Sloboda y anunció su abdicación, culpando a los boyardos por sus «actos de traición» y su corrupción, y a la Iglesia por encubrir sus pecados.

Era un osado desafío a las elites, que carecían de un líder alternativo para reemplazarlo y se enfrentaban a la ira de los moscovitas. Temiendo una invasión extranjera, ser linchados en la propia Rusia y que el país se precipitase a una guerra civil, capitularon y suplicaron a Iván que volviese. Lo hizo, pero su precio fue el derecho ilimitado a castigar a cualquiera que considerase un «traidor». A todos los efectos, demandó poder absoluto, y le fue concedido.

No obstante, Iván no iba a confiar en las promesas de los boyardos. Decretó la creación de un Estado dentro del Estado, conocido como la *Oprichnina* («Excepción»). Comprendía fundamentalmente los territorios de la antigua República de Nóvgorod, y lo tomó como su reino personal. El resto de Rusia, conocida como la *Zemschina* («la Tierra»), la dejó al cuidado del Consejo de los Boyardos. Dentro de su nuevo territorio, Iván reclutó una fuerza llamada los *oprichniks* como guardia personal y ejecutores de sus órdenes. Los *oprichniks* serían desplegados dentro de la *Zemschina* para purgar aquellos clanes nobles que provocasen la ira de Iván, e incluso llevarían a cabo en 1570, en Nóvgorod, una orgía de masacres y violaciones que duraría un mes entero.

Los *oprichniks* llevaban togas negras monásticas (Kurbski los llamó «hijos de la oscuridad») y su símbolo era una cabeza de perro y una escoba, como señal de que eran los sabuesos del zar y barrerían a sus enemigos. Eran tan despiadados y explotadores como el peor de los ejércitos privados. Al final, el propio zar apenas podía controlarlos, y se dedicaban a atacar y saquear con entusiasmo e impunidad. Los campesinos huían de las tierras que controlaban o atacaban, lo que llevó a una escasez de comida y a una crisis comercial. El propio zar empezó a sentirse prisionero de la fuerza creada teóricamente para protegerle.

Cuando, en 1572, las fuerzas del kanato de Crimea casi toman Moscú, empezó a quedar claro que dividir el país en dos partes era muy arriesgado. Preocupado porque los *oprichniks* estaban fuera de control, Iván abolió la *Oprichnina* tan repentinamente como la había creado, y regresó a gobernar desde Moscú. No obstante, las esperanzas de una vuelta al viejo equilibrio entre el zar y los boyardos se vieron pronto frustradas. Continuó apoyándose en su grupo de secuaces, en lugar de en los aristócratas, viendo complots y traición por todos lados, que reprimía de manera tan sangrienta como de costumbre. Sus víctimas eran colgadas y decapitadas, desmembradas o cosidas a pieles de oso y despedazadas por perros, pero aun así Iván seguía viendo conspiradores por doquier. El reinado de Iván se cerró en medio de la crisis y la confusión. Desconfiaba tanto de sus propios comandantes que, en los últimos años de la guerra de Livonia, les asignó unos representantes del zar —precursores lejanos de los comisarios políticos soviéticos— para vigilarlos. La sospecha y la desesperación dividieron a la aristocracia. La economía fue destrozada por la guerra, los impuestos, el bandidaje y la despoblación. La tierra fértil permanecía yerma por falta de campesinos, que habían muerto de hambre o habían huido al sur y al este, lejos del alcance de Moscú. Tan grande era la demanda de campesinos que los terratenientes los secuestraban de las tierras del vecino. Mientras tanto, la muerte del príncipe Iván a manos de su padre, en 1581, dejaba como único heredero al joven y beato príncipe Fiódor, un hombre que era manifiestamente incapaz de unir a su país; tras Iván el Terrible, Rusia tendría a Fiódor el Campanero.

Este estado de cosas no podía durar. El diplomático veneciano Ambrogio Contarini se quedó anonadado ante la vista de los mercados que se extendían a lo largo del helado río Moscova durante los duros y largos inviernos. Le llamó la atención especialmente el espectáculo del ganado descuartizado, apilado en los distintos puestos, congelado durante semanas o incluso meses. «Es curioso —escribió— ver tantas vacas despellejadas de pie sobre sus propias patas». Hacia 1584, el sistema en cuya creación Iván III e Iván IV habían invertido tanto tiempo y tanta sangre se parecía mucho a una de esas vacas: muerto, despellejado, todavía en pie por estar congelado, pero listo para caer bajo el hacha del carnicero.

## La Época de los Tumultos y la llegada de los Romanov

En 1584 murió Iván, fulminado por un infarto en medio de una partida de ajedrez. El piadoso e ingenuo Fiódor (r. 1584-1598) fue debidamente coronado, pero el poder real estaba en manos de las familias Romanov y Godunov, y especialmente en las del cuñado de Fiódor, Boris Godunov. Una vez más, la corte se convirtió en un campo de batalla entre clanes rivales. Godunov purgó a la familia rival Belski en 1584, y después a los Shuiski y los Nagoi en 1587. Mientras tanto, el zar Fiódor se mantenía ocupado visitando iglesias por todo el país y organizando las campanadas.

El país iba dando tumbos de una crisis a otra. En 1590, Godunov comenzó una guerra con Suecia, esperando obtener rápidas ganancias. Cinco años más tarde, el Tratado de Tyavzino dejó a Rusia con poco de lo que alardear, dados los costes de la campaña. Los campesinos continuaron intentando escapar de la tierra, y el colapso agrario llevó a un círculo vicioso de bandidaje y escasez. Cuando Fiódor murió sin hijos, en 1598, se agotó la dinastía Ruríkida. Godunov aprovechó la oportunidad y su aliado, el patriarca Job, le nombró para el *Zemsky Sobor* como sucesor. Ya fuera por miedo o por auténtica convicción, su nombramiento fue aprobado unánimemente.

Godunov (r. 1598-1605) fue coronado como nuevo zar. Antiguo *oprichnik*, era inteligente y ambicioso, despiadado y competente. Pero no había sido elevado al trono por Dios, sino por los hombres, y todas sus cualidades parecían contar poco en comparación con ese hándicap. No ayudó a su causa el hecho de que su reinado estuviese marcado por el hambre, lo que se interpretó como una señal de desfavor divino, y por una revuelta campesina asociada a la hambruna. En 1604, un pretendiente al trono que afirmaba ser Dmitri, el medio hermano de Fiódor —que en realidad había muerto en 1591—, dirigió una revuelta apoyada por los polacos a la que se unieron muchos rusos animados por la idea de que quizá la dinastía Ruríkida había sobrevivido. Las *fake news* ya desestabilizaban Gobiernos en el siglo XVI.

Cuando Godunov murió en 1605, su hijo de dieciséis años Fiódor II reinó como zar durante solo dos meses antes de ser asesinado. Después de todo, sin derecho divino, las pretensiones de un candidato eran tan buenas como las de cualquier otro. Los siguientes ocho años son conocidos como la Época de los Tumultos. El falso Dmitri fue proclamado zar y asesinado poco después. Hubo golpes de Estado e intrigas, rebeliones y levantamientos, otro falso Dmitri y una invasión polaca.

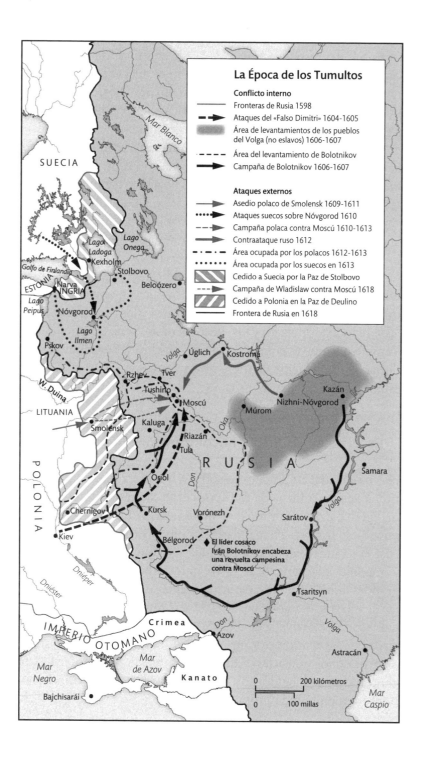

## La Época de los Tumultos

**Conflicto interno**

- Fronteras de Rusia 1598
- Ataques del «Falso Dimitri» 1604-1605
- Área de levantamientos de los pueblos del Volga (no eslavos) 1606-1607
- Área del levantamiento de Bolotnikov
- Campaña de Bolotnikov 1606-1607

**Ataques externos**

- Asedio polaco de Smolensk 1609-1611
- Ataques suecos sobre Nóvgorod 1610
- Campaña polaca contra Moscú 1610-1613
- Contraataque ruso 1612
- Área ocupada por los polacos 1612-1613
- Área ocupada por los suecos en 1613
- Cedido a Suecia por la Paz de Stolbovo
- Campaña de Wladislaw contra Moscú 1618
- Cedido a Polonia en la Paz de Deulino
- Frontera de Rusia en 1618

Mar Blanco

SUECIA

Lago Onega

Lago Ladoga

Kexholm

Golfo de Finlandia

Stolbovo

Beloózero

ESTONIA

Narva

INGRIA

Lago Peipus

Nóvgorod

Lago Ilmen

Pskov

W. Duina

Rzhev

Tver

Úglich

Kostromá

Volga

Tushino

Moscú

Kazán

LITUANIA

Smolensk

Kaluga

Nizhni-Nóvgorod

Múrom

Oka

Riazán

Tula

R U S I A

Oriol

Don

Samara

P O L O N I A

Chernigov

Kursk

Vorónezh

Sarátov

Volga

Kiev

Bélgorod

El líder cosaco Iván Bolotníkov encabeza una revuelta campesina contra Moscú

Dniéper

Tsaritsyn

Dniéster

Crimea

Don

Volga

IMPERIO OTOMANO

Azov

Astracán

Mar Negro

Mar de Azov

Kanato

0       200 kilómetros

0    100 millas

Bajchisarái

Mar Caspio

En última instancia, todo esto fue la culminación de tres procesos a largo plazo. Era una crisis dinámica: una vez establecida la noción de un gobernante sacro legitimado por Dios, el sistema no podía acomodar una ruptura dinástica, especialmente cuando unos aristócratas tercos, ambiciosos y envalentonados estaban dispuestos a luchar contra la emergente autocracia centralizada. Sería la Época de los Tumultos la que acabaría con ellos. Se trató también de una crisis socioeconómica: los boyardos hereditarios ajustaban cuentas con la nobleza de servicio, y la huida de los campesinos de la tierra debilitaba a ambos. Sería la Época de los Tumultos la que obligaría al régimen a enfrentarse a estos desafíos, convirtiendo a ambos grupos de nobles en servidores del Estado. Finalmente, fue asimismo una crisis geopolítica. A medida que Rusia crecía como potencia, se tuvo que enfrentar a nuevas y más formidables amenazas: los tártaros de Crimea y los otomanos al sur, y sobre todo los polacos y los suecos al oeste. Sería la Época de los Tumultos la que transformaría Rusia en el tipo de máquina moderna de recaudación de impuestos y formación de ejércitos que estaba emergiendo en Europa.

### Escarba en un ruso y encontrarás... ¿un bizantino?

Hay mucho debate académico sobre si la cultura política y las instituciones de la Rusia de esa época eran mongolas-tártaras, con un ligero barniz bizantino de pompa y esplendor. Y, sin embargo, ¿acaso eso importa en realidad? Los santos de la Iglesia ortodoxa rusa eran a menudo dioses paganos a los que se les daba un halo y una nueva historia. Si se rastrean los arboles familiares de las grandes familias de Rusia, normalmente se encontrará una mezcla de eslavos, varegos y tártaros. El *veche* tradicional, la asamblea ciudadana, se derivaba de una antigua práctica eslava, pero mezclada con las reuniones *thing* propias de los vikingos. La cuestión no es de dónde vienen las distintas ideas y prácticas, sino cómo eran concebidas, qué significado les otorgaba el pueblo y cómo acababan teniendo vida propia, modelando al país y a su gente en el futuro.

Hasta entonces, Rusia había sido un lienzo sobre el cual sucesivas culturas habían escrito sus ideales y sus intenciones. Algunas de estas inscripciones culturales perduraron, fueron refinadas y recogidas por generaciones posteriores; sobre otras se repintó rápidamente. Pero la cuestión era que, hasta el auge de Moscovia, el papel ruso en todo este proceso había sido sobre todo reactivo, incluso pasivo. Sin embargo, ahora estaban intentando definirse a sí mismos, y para ello, miraron al exterior.

Zar. El nuevo título emulaba al de los emperadores romanos, y fue el águila bicéfala del Imperio romano de Oriente el símbolo escogido por el nuevo gobernante. Al igual que los nominalmente divinos emperadores de Roma y Constantinopla, el zar era un soberano sagrado, sometido solo al Dios que le había conferido su mandato. Tal como afirmaba Iván IV en una de sus destempladas cartas al príncipe Kurbski, el desertor, Rusia tenía ahora una «autocracia por la voluntad de Dios», y él era «el autócrata ortodoxo, verdaderamente cristiano».

El diplomático austriaco barón Sigismund von Herberstein escribió de Iván el Terrible que los boyardos, «o bien movidos por la grandeza de sus logros o bien paralizados por el miedo, se sometieron a él». Lo último era lo más probable, pero el temor a un individuo puede ser una base más bien endeble sobre la que asentar un poder duradero. Los dos Ivanes crearon las bases ideológicas, institucionales e incluso estéticas de la autocracia de derecho divino en Rusia, pero serían necesarias las múltiples crisis de la Época de los Tumultos para que los rusos, desde los campesinos a los boyardos, aceptasen agradecidos ese tipo de gobernante como alternativa al caos, el hambre y las invasiones.

Finalmente, en 1613, el *Zemsky Sobor* ofreció la corona a Mijaíl Romanov, de dieciséis años. Querían un zar, necesitaban un zar, y al final tuvieron que crear uno. Su principal cualificación, después de todo, parecía ser que era inobjetable, proveniente de una familia cuya historia se retrotraía a los días de la Rus' de Kiev, e hijo del formidable patriarca Filareto. Pero la verdad es que una Rusia agotada demandaba un futuro estable y Mijaíl podía proporcionarlo: reinó hasta 1645 y marcó el inicio de la dinastía que gobernaría Rusia hasta 1917.

*Lecturas adicionales.* *Ivan the Terrible*, de Andrei Pavlov y Maureen Perrie (Pearson, 2003), e *Iván el Terrible*, de Isabel de Madariaga (Alianza Editorial, 2008) son las mejores biografías de este hombre complejo. *The Formation of Muscovy, 1304-1613*, de Robert O. Crummey (Longman, 1987), ofrece una lectura densa pero rica en detalle. Para un cambio radical de tono, *El día del oprichnik*, de Vladimir Sorokin (Alfaguara, 2008), es un libro corto y escatológico de ciencia ficción que imagina a unos *oprichniks* nuevamente ascendentes en una Rusia zarista de un futuro cercano.

## 04

# «El dinero es la arteria
# de la guerra»

A 98 metros de altura (322 pies) sobre el río Moscova, entre los bares hípsteres de la antigua fábrica de chocolates Octubre Rojo, las casas pijas del embarcadero de Prechistenkaya y los jardines repletos de estatuas del Parque Muzeun de las Artes, se alza el zar Pedro el Grande (r. 1682-1725), inmortalizado en un millar

*Pedro el Grande* (1997), de Zurab Tsereteli (©Mark Galeotti)

de toneladas de acero, bronce y cobre. Es un monumento glorio-
samente feo del zar subido a un galeón, y fue erigido en 1997,
cuando Yuri Luzhkov era alcalde de Moscú. Mientras aprobaba la
demolición de edificios históricos para reemplazarlos por vulga-
res centros comerciales, Luzhkov se lo encargó a Zurab Tsereteli,

su escultor y arquitecto favorito. La mayoría de los moscovitas lo odian. Para empezar, es probable que en un principio no estuviera destinado al zar Pedro. Aunque Tsereteli ahora lo niega, era en realidad un diseño pensado para conmemorar el quinientos aniversario del primer viaje a América de Cristóbal Colón en 1492. Cuando no hubo manera de encontrar ningún inversor americano lo suficientemente ingenuo y falto de gusto, Tsereteli simplemente cambió las cabezas y se lo endosó a Luzhkov como una estatua de Pedro para conmemorar el trescientos aniversario de la fundación de la Marina rusa. El resto es historia.

Pero ¿qué tipo de historia? Por un lado, resulta muy irónico que Moscú haya terminado albergando ese monumento a un zar al que le disgustaba tanto la ciudad que se construyó una nueva capital al norte: San Petersburgo. (Cuando, después de que Luzhkov perdiese la alcaldía, Moscú le ofreció la estatua al Ayuntamiento de San Petersburgo, este contestó que no querían «desfigurar una gran ciudad». Se referían a la suya). En segundo lugar, que el ruso «Pedro» sea en realidad el italiano Cristóbal Colón vagamente disfrazado es también una metáfora muy poderosa de muchas de las reformas que el zar impuso a Rusia. Era un modernizador, incluso un prooccidental, pero en lugar de enfrentarse seriamente a las razones subyacentes de la excepcionalidad rusa, muchas de sus medidas simplemente se quedaron en la superficie. Por ejemplo, se obligó a los aristócratas rusos a cortarse sus pobladas barbas bajo pena de un impuesto especial. Pero tener un rostro afeitado al estilo europeo no necesariamente generaba pensamiento al estilo europeo.

En tercer lugar, resulta sin embargo comprensible esa fijación en Pedro el Grande como una de las figuras definitorias de la Rusia de los Romanov. Al igual que la estatua, él se elevaba por encima de todos aquellos que le rodeaban, figurativa y literalmente. Era un verdadero gigante de 2 metros de alto en una era en la que el hombre medio medía 1,68 metros. Su entusiasmo era prodigioso; siempre estaba intentando aprender nuevas habilidades, desde la odontología (sus desdichados cortesanos tuvieron que dejarle practicar con ellos) a la fabricación de relojes. Tenía una genuina curiosidad por el mundo exterior, lo que le llevó incluso a viajar por Europa, siendo el primer gobernante ruso en hacer algo así. No obstante, en muchos aspectos, Pedro fue a lo sumo la culminación de un proceso. Muchas de sus reformas estaban enraizadas en las prácticas de sus predecesores Romanov, y sus políticas a menudo estaban dictadas no por su propia voluntad, sino por las circunstancias con las que se encontró.

Finalmente, y al igual que ese giro del destino, del gusto y del patronazgo por el cual el mayor monumento a Pedro acabó en la ciudad que despreciaba, las reformas de Pedro estaban envueltas en una paradoja. Era un nacionalista ruso que ordenó a sus propios aristócratas que pareciesen más europeos, que adoptó ideas y tecnologías de Occidente, y que, al mismo tiempo, codificó un despotismo asiático, haciendo que el servicio al Estado fuese la única base del estatus. Cuanto más intentaba escoger los aspectos más atractivos o útiles de Europa para imponerlos en Rusia, más obligado se veía a encontrar formas de justificarlo en términos de la misión divina de Rusia y su posición especial en el mundo. Esta era la mayor ficción de todas: que la cultura europea moderna en la cúspide del sistema podía coexistir con un feudalismo euroasiático en la base, algo de lo que su nueva capital, San Petersburgo, era un buen ejemplo. Una ciudad espaciosa y moderna, diseñada por arquitectos franceses e italianos, y construida por medio millón de siervos llevados a la fuerza desde todos los rincones del país, de los cuales morirían decenas de miles.

## La llegada de los Romanov

De la Época de los Tumultos no solo surgió la nueva dinastía Romanov, sino otra narrativa nueva y coherente: que Rusia sería presa fácil para sus muchos enemigos si no tenía un único y poderoso gobernante alrededor del cual todas las clases y los pueblos de la nación podían —y debían— unirse. Esto se convirtió en la base del Imperio ruso, propiciando una visión de sí mismo como una fortaleza asediada en medio de un mar de enemigos y, al mismo tiempo, como un guardián de todo lo que era bueno y conveniente, desde la verdadera fe hasta, más adelante, unos regímenes legítimos enfrentados al caos de la anarquía y la rebelión. Pero, inevitablemente, esto conllevaba una cierta contradicción: ¿cómo asegurar las fronteras, defender los intereses rusos y mantener el orden interno sin adoptar tecnologías occidentales? ¿Y podían adoptarse esas tecnologías sin los cambios sociales e incluso políticos correspondientes? La respuesta, al final, era negativa, pero durante siglos los zares lo seguirían intentando. El período que nos ocupa sería de crecimiento y fortaleza mezclados con peligros y situaciones paradójicas. El siglo XVII estaría presidido por guerras en el exterior y levantamientos internos, pero también por la expansión imperial y por una creciente autoconfianza.

Mijaíl (r. 1613-1645), el primero de los zares Romanov, pudo haber sido escogido por su blandura, pero su reinado demostró ser inesperadamente productivo (en parte, reconozcámoslo, por el papel desempeñado por su dominante padre, Filareto). Su coronación se retrasó durante semanas porque Moscú, azotado por sucesivas guerras y rebeliones, despojado y hambriento, estaba en un estado demasiado precario para llevarla a cabo. Para cuando murió, en 1645, sin embargo, había conseguido firmar la paz con Suecia y Polonia, reorganizado el ejército al estilo occidental (lo que llevaría a la rebelión de los tradicionales *streltsy* durante el reinado de Pedro) y presidido la expansión de la influencia rusa en Siberia por parte de un conjunto variopinto y en muchos casos asesino de mercenarios cosacos, aventureros dedicados al comercio de pieles y aristócratas visionarios. En 1639, una banda de cosacos llegó incluso a la costa del Pacífico, y a ellos les seguirían los fuertes, los recaudadores de impuestos, los misioneros y la viruela, que diezmaría la dispersa población de Siberia más ferozmente que cualquier arma de fuego o espada.

El desafío siempre sería cómo equilibrar el impulso expansionista y competitivo con el mantenimiento de la estabilidad interna. Después de Mijaíl, Alexéi (r. 1645-1676) adquiriría el sobrenombre de «el Más Silencioso» por sus maneras sobrias, pero se enfrentaría a una serie de guerras con los enemigos tradicionales, Polonia y Suecia, y a un nuevo rival, Persia, así como a una rebelión cosaca que incendiaría un rosario de ciudades a todo lo largo del Volga y generaría una republica cosaca de corta duración, a la que siguieron los Acuerdos de Pereyáslav, con base a los cuales la mayor de sus comunidades —y con ella gran parte de lo que es hoy Ucrania— pasaría al control del zar. Un cisma dividió la que parecía una de las más sólidas e impasibles de las instituciones, la Iglesia ortodoxa rusa. Alexéi se vio enfrentado claramente al dilema ruso de costumbre. Por un lado, le molestaba la creciente influencia de los extranjeros y sus ideas nuevas y diferentes. En 1652, por ejemplo, estableció un barrio especial en Moscú, el «Barrio de los Alemanes» (el término ruso para referirse a un alemán, *nemets*, se aplicaba a todos los extranjeros), como un gueto donde confinar sus embajadas, sus mansiones y sus iglesias. En 1675 prohibió a su corte emplear ropas o estilos occidentales, incluso en privado. No obstante, de la misma manera que los rusos ricos se veían atraídos por lo exótico y lo foráneo, el Estado ruso necesitaba el dinero, la tecnología y la experiencia militar de estos extranjeros. Puede que Alexéi despreciase las formas occidentales, pero eso no le impidió nombrar a Patrick Gordon, un mercenario escocés de religión católica, como tutor de su hijo Pedro. Fue uno de los muchos extranjeros que jugarían un papel esencial en fijar las pasiones y los intereses del joven *zarévich* (príncipe).

### Creencias y creyentes, viejos y nuevos

Esta tensión era especialmente evidente en el caso de la Iglesia. Si para las autoridades seculares, la lección de la Época de los Tumultos había sido que la debilidad interna significaba vulnerabilidad externa, dentro de los círculos religiosos había una creciente corriente de opinión que la veía como la señal clara de la insatisfacción divina con el pueblo ruso y la impureza de su liturgia. En 1652, un miembro de esa corriente, el elocuente y enérgico Nikon, se convertiría en patriarca de Moscú y de todos los rus'. Todo parece indicar que había aceptado a regañadientes esa posición, pero una vez que la ocupó, se dedicó a poner en práctica una serie de reformas cuya intención, tal como él lo veía, era purificar una Iglesia que se había desviado demasiado de sus orígenes griegos y bizantinos.

Los ritos griegos contemporáneos y sus liturgias reemplazaron a los existentes (y si valorabas tu vida y tu libertad era mejor no mencionar la ironía de que, para entonces, los ritos rusos estaban más cerca de los de la vieja Bizancio). Los estilos más modernos de iconos fueron prohibidos, y los seguidores de Nikon registraron iglesias y casas por todo Moscú para confiscarlos y quemarlos. A los que los pintaban —la evolución de los estilos artísticos de estas pinturas de santos y escenas religiosas había sido una de las glorias de la cultura rusa moderna— les arrancaban los ojos y luego les obligaban a desfilar por la ciudad. Las iglesias que se pensaba que se habían desviado demasiado de los estándares bizantinos fueron demolidas. Incluso se revisaron la forma de escribir el nombre de Jesús y la manera correcta de persignarse. Antiguos aliados, horrorizados por la dirección y la severidad de todos estos cambios, fueron excomulgados. La piedad, al estilo nikoniano, fue impuesta por medio de la violencia, el miedo y los tribunales sinodiales.

El zar Alexéi llevaba tiempo hechizado por Nikon —se había arrodillado ante él en 1652 para suplicarle que aceptase el puesto de patriarca en Moscú— y al principio fue virtualmente su mano derecha y sustituto. A comienzos de la intermitente Primera Guerra del Norte contra Polonia y Suecia, que comenzó en 1654, cuando Alexéi estaba en el frente, Nikon era en la práctica regente en Moscú. Con el tiempo, no obstante, esta relación se volvería cada vez más tensa. A pesar de lo que Nikon dijese sobre el sometimiento a la autoridad secular de la Corona, también pensaba que esta debía arrodillarse ante la Iglesia en cuestiones espirituales. Esto incluía oponerse al Sobornoye Ulozheniye, el nuevo código jurídico aprobado en 1649, que socavaba la autoridad de la Iglesia y reducía sus privilegios.

Enfrentado a la resistencia de boyardos y clero, y distanciado del zar, Nikon intentó imitar las maneras de Iván el Terrible arrojando simbólicamente su toga de patriarca, abandonando Moscú e ingresando en un monasterio. Esperó a que sus críticos recuperasen la cordura y le suplicasen que volviese. Pero esperó en vano. Durante ocho años, Nikon y la Iglesia se mantuvieron en un *impasse*, hasta el Gran Sínodo de Moscú de 1666, en el cual se reunió finalmente un cónclave de los más poderosos clérigos y más respetados teólogos —en algunos casos, se dice, inducidos por generosas recompensas en rublos y pieles— para intentar solucionar la crisis. El sínodo se las arregló para cuadrar el círculo condenando a Nikon, despojándolo de su autoridad y enviándolo a un apartado monasterio en el que permanecería vigilado, pero al mismo tiempo aceptando sus reformas. En el gran cisma conocido como el Raskol, los tradicionalistas que se resistieron a esos cambios, los llamados «viejos creyentes», fueron declarados apóstatas y serían perseguidos durante la mayor parte de los tres siglos siguientes: solo en 1971 el Patriarcado de Moscú levantaría finalmente las proscripciones que pesaban sobre ellos.

Los debates sobre los gestos precisos que había que seguir para persignarse podrían parecer triviales, y difícilmente una razón para el rencor y el sectarismo, el asesinato y el exilio. No obstante, los debates religiosos de la era nikoniana reflejaban el temor más general a que, poco a poco, Rusia estuviese perdiendo sus tradiciones, su papel único en el mundo, su alma. La ironía era que los «reformadores» estaban intentando hacer regresar la vida espiritual de Rusia a algo que nunca había sido: confundieron los ritos griegos contemporáneos con los auténticos ritos bizantinos, e intentaron «recrear» una separación perfecta de la Iglesia y el zar que no habría sido reconocida ni por un emperador en Constantinopla ni por un príncipe en Kiev. Una vez más, las referencias a la historia eran en realidad invocaciones ingeniosas (aunque probablemente basadas en la ignorancia) a un pasado reinventado de Rusia.

## Dos zares al precio de uno

Mientras tanto, el Estado secular continuaba avanzando hacia la modernización. El inmediato sucesor de Alexéi, Fiódor III (r. 1676-1682), estableció la Academia Eslavo-Greco-Latina, la primera institución superior de Rusia, casi seiscientos años después de la fundación de las universidades de Bolonia y Oxford. Quizá más sorprendente fue la abolición en 1682 del sistema del *mestnichestvo*, que establecía que la posición de los aristócratas estaba definida por el nacimiento y el estatus. En su lugar, fomentó un sistema más meritocrático en que los empleos iban a aquellos más adecuados para desempeñarlos (o por nombramiento real: hasta un zar reformista tendría sus favoritos). Los viejos libros de pedigrí, meticulosas y enciclopédicas genealogías usadas para determinar la posición exacta de cada aristócrata en la jerarquía —sentar a alguien en una posición inferior en la mesa de la que demandaba su estatus podía incluso provocar un duelo— fueron simbólica y ceremoniosamente quemados.

Fiódor murió ese mismo año. No dejó un heredero, por lo que, en teoría, el siguiente en la línea sucesoria sería su hermano pequeño, Iván, el último hijo superviviente del primer matrimonio de Alexéi. Sin embargo, Iván, de quince años de edad, era un inválido crónico y, según muchos, también un inválido intelectual. Los boyardos temían lo que podría ocurrir si Rusia tenía un zar débil y por ello preferían a su joven medio hermano, hijo de la segunda mujer de Alexéi, Pedro, que entonces tenía nueve años. No obstante, no habían tenido en cuenta las rivalidades tradicionales entre las familias Miloslavsky y Naryshkin, de las que procedían la primera y la segunda mujer de Alexéi, respectivamente, y la determinación implacable de la hermana mayor de Iván, Sofía Alexéievna. Rusia podía no estar preparada para una emperatriz, pero Sofía estaba dispuesta a conseguir la alternativa mejor a ese cargo.

Ella y los restantes miembros de la familia Miloslavsky incitaron una rebelión entre los *streltsy*, difundiendo rumores de que Fiódor había sido envenenado e Iván estrangulado. Ya irritados por la erosión de sus privilegios y la formación de nuevos regimientos al estilo occidental, los conservadores *streltsy* fueron fáciles de convencer. Mientras que el populacho de Moscú aprovechaba la oportunidad para rebelarse y saquear, la Duma (asamblea) Boyarda intentaba lograr un compromiso. Como siempre, se impuso el pragmatismo, que luego fue rápidamente revestido con el manto de una tradición inventada. Iván (r. 1682-1696) y Pedro (r. 1682-1725) fueron coronados como *dvoyetsarstvenniki*, zares dobles, de Rusia, con Sofía como regente. Se construyó un trono doble especial para los dos jóvenes, se fabricó de urgencia un duplicado del gorro de Monómaco para que cada uno tuviese el suyo para la coronación y se saqueó y tergiversó el ritual bizantino para justificar algo tan inusual.

Durante unos seis años, Sofía, apoyada por su aliado y quizá amante, el príncipe Vasili Golitsin, gobernó el país. Iván se pasaba los días rezando, peregrinando y cumpliendo con la pompa cortesana, y Pedro, a su vez, los pasaba en los terrenos reales de Preobrazhesnkoye, en gran parte montando su llamado «ejército de juguete». Originalmente un grupo de ayudantes y colegas adolescentes, se convertiría con el tiempo en una auténtica fuerza de un centenar de efectivos, y luego de tres centenares. Durante la regencia de Sofía se firmaría el optimistamente llamado Tratado de la Paz Perpetua con Polonia (1686), que ratificó la posesión rusa de la antigua capital de Kiev, y, en el otro extremo del creciente imperio, el Tratado de Nerchinsk con China (1689). También se lanzaron desastrosas campañas en 1687 y 1689 contra el kanato de Crimea, en las cuales Rusia fue derrotada no tanto por las fuerzas militares enemigas, sino por los desafíos logísticos de montar expediciones militares en los límites de lo que se había convertido en un Estado gigantesco.

Mientras tanto, Sofía no podía o no quería declararse zarina, emperatriz. En lugar de ello, tuvo que ver cómo Iván enfermaba y Pedro se volvía cada vez más tozudo. En 1689, Pedro, a sus diecisiete años, dijo basta y exigió que Sofía se retirase. Aunque ella intentó una vez más levantar a los *streltsy* contra él, se enfrentaba a la mayoría de los boyardos, de los *streltsy* y al «ejército de juguete» de Pedro, que, para entonces, comprendía dos compañías completamente equipadas, con su propia caballería y artillería. Y a algo que quizá era igual de importante: incluso Iván estaba dispuesto a acompañar a Pedro.

De manera que Sofía se vio obligada a ingresar en el monasterio de Novodevichy, que era algo así como una jaula dorada para mujeres aristócratas no deseadas, desde la nuera de Iván el Terrible a la hermana de Boris Godunov. Quizá la siempre intrigante Sofía había previsto cuál sería su destino, dado que hizo que el irónicamente denominado «Monasterio de las Nuevas Doncellas» fuese renovado durante su regencia. Y aunque Pedro aún estaba técnicamente bajo la tutela de su madre hasta los veintidós años y sería comonarca junto con Iván hasta la muerte de este en 1696, en la práctica era ya el zar. Tenía el poder, pero ¿qué quería hacer con él?

## La construcción del Estado petrino

Sabemos mucho sobre Pedro, pero mucho de lo que sabemos no lo entendemos realmente. Era carismático y enérgico, pero sufría de convulsiones y contracciones faciales. Su lema era «soy un estudiante y busco profesores», y ciertamente estaba deseando que le enseñasen —no dirigía su «ejército de juguete», sino que se enroló en él como bombardero para aprender sobre la milicia desde abajo—, pero sus intereses no iban dirigidos a materias intelectuales, sino prácticas. Estaba orgulloso de su país, pero se mostraba más desesperado por lograr el respeto de los extranjeros que el de su propio pueblo. Había luchado para conseguir el poder, pero, una vez obtenido, parecía no estar muy interesado en muchas de las cuestiones relacionadas con el Gobierno, centrándose en aquellos deberes que le gustaban y descuidando los que no.

Pedro había jugado a los soldados cuando era todavía un niño, había visto aterrorizado el brutal levantamiento de los *streltsy* en 1682 (su tío Iván Naryshkin y Artamón Matvéyev, el estadista que había propuesto su coronación, fueron asesinados a machetazos ante sus ojos), había sido elevado al trono gracias a su ejército personal, y había visto cómo la legitimidad de Sofía había sido socavada fuertemente cuando su favorito, Golitsin, fracasó no en una, sino en dos expediciones a Crimea. El poder militar era, para Pedro, algo vital para su propia seguridad, central para la de Rusia y, francamente, algo que le divertía mucho.

Es cierto que descuidaba el ceremonial que había mantenido ocupados a tantos zares y solo aceptaba de boquilla su papel espiritual. No obstante, tenía una visión intensamente práctica de su labor de estadista y se daba cuenta de que la fortaleza militar se basaba no solo en el valor de los soldados del país, sino también en la calidad de la tecnología, la logística y el gobierno que sostenía el aparato militar. Hasta qué punto podía ser considerado un modernizador en todos los sentidos es discutible, pero es cierto que sentía un impulso urgente y apasionado por hacer de Rusia una gran potencia, una potencia respetada, y eso significaba guerras, unas guerras que quería ganar. En esa época, Rusia no era considerada un actor importante en materia militar. Un buen reflejo de la posición que ocupaba en la visión occidental del mundo, como algo que ya no era asiático pero que tampoco era aún europeo, son los mordaces comentarios del enviado austriaco Johannes Korb, según el cual, «nadie, excepto los tártaros, teme a los ejércitos del zar».

Pedro quería cambiar las cosas, pero eso tendría un coste: como él mismo reconocía, «el dinero es la arteria de la guerra». Incluso para los estándares de los tempranos Estados modernos, en una época en la que la seguridad social era en el mejor de los casos caridad y, en el peor, inanición, el Estado ruso se convirtió en gran medida en un simple mecanismo de apoyo a las fuerzas militares. Se estima que hacia 1705 la parte del presupuesto central que consumía el Ejército era de entre el 65 y el 95 por ciento. Ello demandaba una burocracia efectiva, un sistema fiscal eficiente y una maquinaria estatal más disciplinada y profesional. Pedro se puso a construir todo ello a través de una amplia serie de reformas.

La servidumbre, que durante tanto tiempo había supuesto un desafío para los gobernantes de Rusia, se hizo más inflexible, porque el Estado dependía de que los campesinos trabajasen, construyesen y luchasen. Cientos de miles de campesinos —de una población total de unos 7,5 millones— serían reclutados forzosamente para las guerras de Pedro y sus proyectos constructivos, y no se les permitiría huir al sur o al este. Se aprobaron nuevas multas por esconder a huidos, y desde 1724 no se permitía a los campesinos viajar fuera de sus distritos sin pasaporte. Mientras tanto, les llovían nuevos impuestos sobre cualquier cosa, desde las colmenas hasta los pepinos.

Y no es que la nobleza fuese exonerada de participar en el exigente programa de Pedro. La abolición del *mestnichestvo* había comenzado a cambiar la forma en que se determinaba el estatus y la posición en Rusia, pero en 1722 Pedro introdujo la Tabla de Rangos, que representaba una revolución fundamental en las bases de la aristocracia rusa. Desde entonces, todos los nobles que quisieran progresar dentro del sistema tendrían que escalar los catorce rangos por méritos de servicio, promoción y capacidad. Por supuesto, el favoritismo, la riqueza y el nacimiento seguirían teniendo en la práctica su importancia, pero ahora la teoría era que la nobleza mantendría su posición, su riqueza y sus privilegios solo en la medida en que sirviese al Estado. Igualmente importante era el hecho de que los funcionarios estatales promovidos a un determinado rango adquirirían estatus noble; si accedías al puesto de asesor colegiado en la función pública, por ejemplo, o a comandante de primera en las Guardias de Corps, puestos ambos con un rango 8, pasabas a ser un aristócrata hereditario. Bajo el *mestnichestvo*, el estatus determinaba tu trabajo. Ahora tu trabajo determinaba tu estatus, y, dentro de sus comodidades, los nobles quedaron transformados a todos los efectos en siervos del Estado.

Esto se aplicaba incluso a la Iglesia. Por ejemplo, un *igumen* —un abad— tenía un rango 5, equivalente a un consejero de Estado o un brigadier. Nikon había intentado aclarar el difuso solapamiento entre Iglesia y Estado haciendo a la primera independiente del segundo. La solución de Pedro fue la opuesta: convertir a la Iglesia, *de facto*, en un departamento más del Gobierno. No solo era una cuestión de poder, sino también de dinero. La Iglesia tenía vastas posesiones de tierra y generosas exenciones fiscales, y las guerras de Pedro, su incipiente armada, su ejército reorganizado, demandaban unas crecientes sumas de dinero. Las propiedades de la Iglesia pasaron al control del Estado, que exprimió con premura a la Iglesia en su búsqueda de dinero. Gran parte de los ingresos obtenidos de esta organización conservadora e incluso xenófoba se gastarían no ya en reformas, sino en reformas inspiradas por extranjeros.

### Pedro de viaje

Desde el principio, Pedro se mostró fascinado por los extranjeros. Junto con el escocés Patrick Gordon, el mercenario suizo Franz Lefort fue una de las influencias permanentes de su infancia. Hasta el día de hoy, un barrio del sudoeste de Moscú cercano a donde estaba el barrio de los alemanes se llama Lefórtovo en su honor.

El barco que tradicionalmente se considera el «abuelo» de la Marina rusa era un buque de vela al estilo inglés que se encontró Pedro en el pueblo de Izmailovo y que hizo reparar por un holandés. En lugar de los tradicionales caftanes largos rusos, prefería los abrigos alemanes fabricados con paño inglés, y en 1700 decretó que la nobleza y el funcionariado moscovitas debían también vestir al modo occidental. La expresión más dramática de este entusiasmo sería la «Gran Embajada». En 1697, se embarcó en un viaje de dieciocho meses por la Livonia sueca, los Países Bajos, Inglaterra, los estados alemanes y Austria. Teóricamente viajaba de incógnito como «Pedro Mijáilov», pero esto era una ficción apenas velada, en realidad una excusa característica para que pudiese eludir el tedioso protocolo, irse de juerga a voluntad (y lo hacía) y ensuciarse las manos cuando quisiese.

En parte, era una empresa diplomática con el objetivo de conseguir aliados contra los otomanos, y en ese sentido fue un fracaso. Europa se vería pronto inmersa en la guerra de sucesión española, y pocos países parecían interesados en poner a la distante y desconocida Rusia por encima de sus mejor conocidos vecinos.

Y, no obstante, para el curioso (y autoindulgente) zar, suponía también una oportunidad sin igual para explorar Occidente, su forma de vida, su tecnología, sus vicios y sus virtudes. En Holanda estudió construcción naval y contrató a ingenieros navales para que le ayudasen a construir su nueva marina (resulta de lo más revelador, en este sentido, que muchos términos rusos referidos a la navegación y al mar tengan sus raíces en el holandés). En Inglaterra también intentó aprender el arte del poder naval y de la monarquía moderna, y es ahí donde declaró que era «más feliz un almirante en Inglaterra que un zar en Rusia». No obstante, después de presenciar una sesión del Parlamento, concluyó que «la libertad inglesa no es apropiada» para Rusia.

Mientras tanto, Rusia estaba siendo gobernada por el hombre de confianza de Pedro, su «príncipe-césar» Fiódor Romodanovsky, como si el zar siguiese en el país. En 1698, sin embargo, le llegaron noticias de una nueva revuelta de los *streltsy*. Pedro se apresuró a

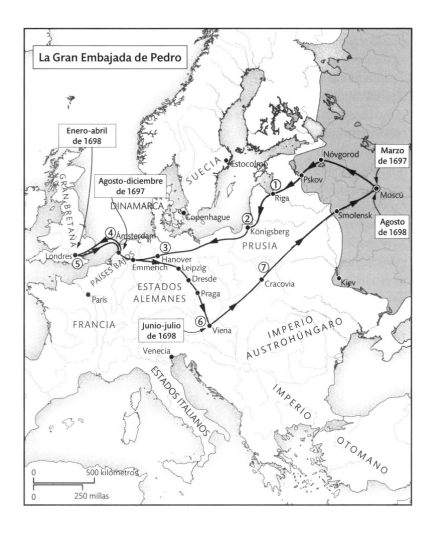

La Gran Embajada de Pedro

Enero-abril
de 1698

Agosto-diciembre
de 1697

Marzo
de 1697

Agosto
de 1698

Junio-julio
de 1698

GRAN BRETAÑA

SUECIA

DINAMARCA

PRUSIA

PAÍSES BAJOS

FRANCIA

ESTADOS ALEMANES

ESTADOS ITALIANOS

IMPERIO AUSTROHÚNGARO

IMPERIO OTOMANO

Estocolmo

Copenhague

Ámsterdam

Londres

París

Hanover

Emmerich

Leipzig

Dresde

Praga

Venecia

Viena

Cracovia

Kiev

Königsberg

Riga

Smolensk

Pskov

Nóvgorod

Moscú

500 kilómetros

250 millas

volver a casa, aunque ya antes de su regreso Romodanovsky la había sofocado. No obstante, Pedro fue implacable: los *streltsy* fueron finalmente disueltos (eran un anticuado obstáculo para su creación de un ejército al estilo occidental) y alrededor de un millar de ellos fueron flagelados con el salvaje látigo ruso de cuero con nudos, o destrozados en el potro de tortura, o quemados en parrillas de hierro antes de ser colgados o decapitados, y sus cuerpos ensartados en picas como advertencia pública: este zar no toleraría ninguna desobediencia.

Mostraría el mismo autoritarismo en su campaña para aplicar las lecciones que había aprendido en Occidente. En 1703, después de que sus ejércitos hubieron capturado la fortaleza sueca de Nyenskans, en la desembocadura del río Nevá, Pedro vio la oportunidad de construir un puerto para la marina que estaba montando y una capital que le permitiese alejarse de Moscú y demostrase que Rusia podía construir una ciudad al estilo europeo. Su nueva capital, San Petersburgo, resultó ser realmente así: construida con un ojo puesto en la planificación urbanística holandesa e inglesa y diseñada por arquitectos italianos, alemanes y franceses. No obstante, su «ventana a Europa» fue construida con métodos muy rusos: decenas de miles de siervos, convictos y prisioneros de guerra fueron obligados a trabajar hasta la muerte para darle a Pedro lo que quería. El tiempo mismo tendría que someterse a la voluntad del autócrata: en 1699, Pedro decretó que Rusia abandonase el calendario bizantino, que contaba los años desde la supuesta creación del mundo, por el occidental basado en el nacimiento de Cristo. Así, el año 7207 se convirtió repentinamente en el 1700.

## Pedro en guerra

En última instancia, sin embargo, las barbas, la arquitectura, la política eclesiástica y la reforma administrativa se referían todas ellas a la guerra y al ejército y la marina modernos que Pedro estaba tan desesperado por construir (y por usar). De los veintiocho años en los que fue el único zar, veintitrés los pasó en guerra, entre la Gran Guerra del Norte, de 1700-1721, y la campaña persa, de 1722-1723.

En 1689, el ejército fue reestructurado, modernizado e incrementado. Cada año, un campesino de cada veinte familias campesinas era llamado al servicio militar de por vida, de manera que cuando un joven recluta se iba para unirse al Ejército, se le despedía con un servicio fúnebre. Se realizaron esfuerzos para estandarizar el equipo y profesionalizar el cuerpo de oficiales (una vez más, a menudo contratando extranjeros), y para producir cañones modernos, una pasión que se puede retrotraer a la campaña de

Iván el Terrible contra Kazán y que se reflejaba también en la dependencia soviética del llamado «dios rojo de la guerra».

Pedro, obsesionado con el mar y la construcción de buques, lograría hacer realidad su sueño de conseguir que Rusia tuviese una marina de guerra por primera vez en su historia. Cuando murió, había construido una flota de treinta y dos navíos de línea y alrededor de un centenar de otros buques. No obstante, también se podría argumentar que hasta entonces Rusia no había necesitado una marina. Solo cuando empezó a implicarse en mayor media en el comercio marítimo y a competir por la hegemonía del norte de Europa con potencias navales como Suecia, tener una armada se convirtió en una prioridad.

Y desde luego que compitió. La Gran Guerra del Norte fue más bien una cadena de guerras en las que los combatientes iban y venían, con Rusia y Suecia como los baluartes de sus respectivas coaliciones. A menudo tenía la elegancia de una pelea de bar. Primero Rusia estaba aliada con Polonia, Dinamarca-Noruega y Sajonia, aunque las dos últimas tuvieron que tomarse un respiro hasta que los suecos fueron derrotados en la gran batalla de Poltava. Durante un tiempo, los otomanos aprovecharon la ocasión para ayudar a Suecia a desangrar a su viejo enemigo ruso, mientras que Hanover y Prusia se unían a Rusia. Los británicos, oportunistas como siempre y, como siempre, intentando evitar que cualquier nación europea se hiciese demasiado poderosa, apoyaron a uno u otro bando según las circunstancias.

Rusia ganó —o, al menos, al final Suecia perdió— y se consolidó como una gran potencia. El Imperio sueco dejó de ser una superpotencia militar, en gran medida por su relativamente pequeña población (de los 40.000 soldados con los que Carlos XII, el «León del Norte», invadió Rusia, solo regresarían 543). El águila bicéfala había humillado al león y demostrado que no solo podía ganar una batalla, sino que podía también construir el tipo de infraestructura militar y logística necesaria para sostener una guerra larga y difícil. La guerra ruso-persa de 1722-1723 demostró, a su vez, que un ejército que en otro tiempo no había podido mantener en campaña una fuerza contra Crimea, podía ahora internarse en el Cáucaso y en la región del mar Caspio. Con el

Imperio persa en plena decadencia, Pedro necesitaba evitar que los otomanos se aprovechasen de la situación y extendiesen su control a lo largo del flanco sur de Rusia. Este fue, por tanto, el verdadero legado de Pedro. Era un guerrero más que un constructor de Estados, pero al final aprendió que para ser lo uno se necesita ser lo otro. Su interés por las ideas foráneas era en parte una rebelión contra la sociedad en la que se había criado. Era propenso a la parodia y la iconoclasia. Por ejemplo, su notorio club de compinches, el «Muy Jocoso y Muy Borracho Sínodo de Tontos y Bufones», se burlaba abierta y a veces cruelmente de las instituciones rusas, desde la Iglesia a las costumbres tradicionales. Con total seguridad, no veía la modernización en términos religiosos: se trata de un hombre que dejó un grafiti con su nombre en la puerta de la casa del reformador religioso Martín Lutero. Era eminentemente práctico. Pedro era consciente de que una Rusia atrasada era una Rusia débil, y que un Estado débil era un Estado vulnerable.

Se enfrentó a las necesidades inmediatas de la administración, estrechando el control del Estado sobre la nobleza, la Iglesia y el campesinado. Era despiadado cuando se le desafiaba; hizo que torturasen a su hijo mayor porque sospechaba que estaba conspirando contra él, un tormento que le llevó a la muerte. Hizo de Rusia una gran potencia, obligando a Occidente a prestar atención a lo que hasta entonces era considerado «un reino rudo y bárbaro» (como lo había calificado el navegante inglés del siglo XVI Richard Chancellor). El objetivo de las reformas era incrementar la seguridad de Rusia, y nunca se pretendió que fueran más allá de eso. Era una modernización tal como la veía el soldado y el carpintero, el constructor naval y el dentista aficionado. Se necesitaría otra «Grande» —Catalina— para abordar la modernización de almas y mentes.

*Lecturas adicionales.* Aunque el muy entretenido *Pedro el Grande. Su vida y su mundo* (Alianza Editorial, 1987), de Robert K. Massie, se considera normalmente como el gran referente, yo sugeriría que *Peter the Great*, de Lindsey Hughes (Yale University Press, 2002), es la mejor de las muchas biografías de Pedro: juiciosa, bien escrita y con la mezcla justa de escepticismo y respeto. *A Curious and New Account of Muscuvy in the Year 1689* (SSEES, 1994), de Foy de la Neuville, es uno de los relatos más interesantes (aunque no siempre preciso) de la época, escrito por un enviado polaco, y el texto tiene también la virtud de estar disponible libremente *online*. Teniendo en cuenta hasta qué punto la guerra definió el reinado de Pedro, *La batalla que conmocionó Europa. Poltava y el nacimiento del Imperio ruso* (Roca Editorial, 2012), de Peter Englund, ofrece un buen análisis de esta batalla crucial y del contexto más general en el que tuvo lugar.

# 05

# «Seré una autócrata: eso es lo que sé hacer»

L os caricaturistas ingleses no se andaban con contemplaciones cuando satirizaban a los personajes públicos de su tiempo, pero, aunque no se trata de una representación muy halagadora de la emperatriz rusa Catalina II —Catalina la Grande—, en gran medida es un reflejo del nuevo estatus de Rusia. La pulla del caricaturista va dirigida a sus ambiciones contra el Imperio otomano; se la ve (página siguiente) dando una zancada desde Moscú para plantarse en Constantinopla, mientras que debajo de ella los señores espirituales y seculares de Europa expresan su más bien procaz admiración. «Nunca he visto nada igual», dice Luis XVI de Francia. «Qué expansión más prodigiosa», dice maravillado Jorge III de Inglaterra. El sultán otomano suspira que «ni todo el ejército turco bastaría para satisfacerla».

*Una zancada imperial*, caricatura satírica inglesa (1791)
(© Museo Británico)

Dejando a un lado los chascarrillos de tres al cuarto sobre sus apetitos sexuales (que eran, en gran medida, un mito), lo que es digno de reseñar es, en primer lugar, que a Catalina no se la representa como una exótica monarca asiática, sino como completamente europea, lo que suponía la culminación de un proceso comenzado por Pedro para reintegrar a Rusia en Occidente. En segundo lugar, aunque Rusia nunca logró tomar Constantinopla, se pensaba que era perfectamente posible que así fuera. Rusia ya no era esa potencia menor y distante, sino parte de la díscola familia europea de naciones.

Después de todo, Catalina la Grande (r. 1762-1796) hizo algo más que configurar cómo sería el siglo XVIII en Rusia: también configuró la imagen y el lugar de Rusia en el mundo. En ese sentido, era en gran medida lo que hoy podríamos llamar una maestra en dar la vuelta a las cosas. Expandió y embelleció el Palacio de Invierno en San Petersburgo para rivalizar con la grandeza de Versalles.

Mantuvo una animada correspondencia con los filósofos de su época, especialmente con Voltaire, pero guardando siempre una distancia segura para que no pudieran comprobar cuánto de lo que les contaba sobre Rusia era mera propaganda. En una época en la que el país estaba siendo exprimido para pagar la guerra contra los otomanos, le decía a Voltaire que «nuestros impuestos son tan bajos que no hay ningún campesino en Rusia que no coma pollo cuando le plazca». Era realmente una reformista, e intentaba llevar a Rusia la cultura y la alfabetización, unas políticas progresistas y unas leyes sensatas. Catalina era la imagen misma del ideal europeo del siglo XVIII, el «déspota ilustrado», que arrastraba a los países al futuro usando el poder que habían heredado del pasado.

Se podría pensar, no obstante, que cuanto más intentaba convertir a Rusia en un país europeo, más se enfrentaba a contradicciones inevitables. La edad dorada de Catalina demostraría ser, más bien, de latón bañado en oro, una fina pátina de cultura europea sobre una nación que estaba quedándose cada vez más rezagada con respecto a las cortes, las fábricas, los astilleros y las universidades de Occidente. Se dice que uno de sus favoritos, Grigori Potemkin, construyó pueblos falsos para dar una imagen de prosperidad ante una visita de Catalina. Esto probablemente no es más que una fábula, pero, en última instancia, la Rusia ilustrada de Catalina era una «nación Potemkin», que intentaba de manera un tanto exagerada persuadir a todo el mundo —y a sí misma— de que era algo que no era. Tendría que llegar un advenedizo artillero corso para pinchar algunos de los mitos en torno a la Rusia del siglo XVIII, cuando Napoleón aplastó todo lo que se ponía en su camino y entró en las tierras rusas.

Después de todo, lo más relevante era que, social y económicamente, el país estaba todavía inmerso en la Edad Media. La abrumadora mayoría de la población eran campesinos; la mayor parte, siervos que trabajaban las tierras del Estado, la aristocracia o la Iglesia. Esto apenas cambiaría a lo largo del siglo: el 97 por ciento de la población vivía de la tierra en 1724, y el 96 por ciento en 1796. Los siervos eran como enseres, que podían ser vendidos o transferidos por todo el país como unidades familiares, y no tenían ningún derecho a la tierra que trabajaban. Aunque se hicieron algunos intentos simbólicos de introducir métodos agrícolas occidentales, no supusieron gran cosa, en ocasiones porque las tierras pesadas y el duro clima no lo permitían, pero a menudo también por la falta de conocimientos, formación, inversiones de capital e interés, como resultado de lo cual la productividad agraria estaba cerca de los niveles del medievo.

El comercio doméstico y nacional sí que creció, especialmente a medida que Rusia obtenía el control de puertos en el Báltico y el mar Negro, y con él empezó a emerger una clase mercantil, pero muy pequeña. Los comerciantes campesinos controlaban gran parte del comercio doméstico, y los extranjeros y los nobles, gran parte del resto. El Estado se encontraría en una permanente crisis financiera a lo largo del siglo. La recaudación de impuestos nunca bastaba para cubrir los gastos de las guerras, las construcciones prestigiosas y la corte, y la brecha era cubierta con pagarés e imprimiendo dinero. Mientras que los burócratas del Estado y la nobleza más rica estaban alfabetizados y cada vez más expuestos a las formas extranjeras, gran parte de la nobleza rural no sabía leer ni escribir. Este no era el país que Catalina la Grande les vendía a los occidentales.

## Un tiempo de emperatrices

Rusia, tradicionalmente tan machista, estaba a punto de tener que acostumbrarse a una sucesión de mujeres en el trono. Cuando Pedro murió, en 1725, había establecido, por un lado, el principio de que el zar podía nombrar a su sucesor (de entre los miembros de su familia), pero, por otro lado, él no escogió a nadie. Previamente había proclamado a su segunda mujer, Catalina, como zarina, emperatriz, pero es cuestionable que hubiese podido asumir el poder simplemente sobre esa base. En lugar de ello, fue considerada una útil figura simbólica por un grupo de personajes que habían ascendido durante el reinado de Pedro, dirigidos por el astuto pero profundamente corrupto príncipe Alexander Ménshikov. Recurrieron a los regimientos de la Guardia —que, no por primera vez, serían auténticos hacedores de reyes, o, en este caso, de emperatrices— para proclamarla Catalina I (r. 1725-1727) en un *coup d'etat* virtual, ante el temor de que, de lo contrario, los tradicionalistas de las viejas familias boyardas regresasen al poder.

Tenía dos hijas, pero Rusia no estaba lista para una sucesión matrilineal, por lo que Catalina tuvo que aceptar que se nombrase heredero al único nieto varón de Pedro I. Cuando murió, en 1727, Pedro II (r. 1727-1730), de doce años de edad, fue debidamente coronado, con el ubicuo príncipe Ménshikov actuando como regente. El destino, no obstante, parecía poco inclinado a consentir este sexismo, así que el zar murió apenas tres años después sin herederos varones. La siguiente en la línea sucesoria tendría que salir de las hijas de Iván V, el co-zar de Pedro, lo que significaba o bien la hermana mayor, Catalina, o la menor, Ana. Lo quisiera o no, Rusia tendría otra emperatriz.

Aunque Catalina era la mayor, estaba casada con un alemán, Carlos Leopoldo de Mecklemburgo-Schwerin, y los boyardos temían que intentara ejercer su influencia sobre Rusia si su mujer se convertía en zarina. Por ello, el Consejo Privado Supremo, el organismo que había sustituido a la Duma boyarda, optó por la viuda Ana. No obstante, al igual que en el caso de Catalina, la intención era que fuese una figura simbólica. El príncipe Dmitri Golitsin, presidente del Consejo, le presentó una serie de «Condiciones» que debía aceptar. Descubrirían que era más fácil exigir obediencia que imponerla. Una vez coronada, Ana (r. 1730-1740) anuló las «Condiciones» y despidió a los miembros del Consejo, sustituyéndolos por candidatos más complacientes. Golitsin moriría en prisión, y, aunque se le celebra sinceramente como un hombre que intentó imponer el gobierno constitucional en Rusia, uno se pregunta si para él era una cuestión de principios o más bien la oportunidad de ser el poder detrás del trono.

Diez años después, cercana a la muerte, Ana nombró heredero a su nieto de dos meses, otro Iván, con su amante alemán, Ernst Biron, como regente. Era un intento de asegurar tanto la línea consanguínea de Iván V como el futuro de Biron. No obstante, Ana nunca fue muy popular, y su tendencia a llenar la corte de familiares y compinches alemanes inquietaba tanto al pueblo como a los boyardos. Iván VI (r. 1740-1741) fue coronado, pero a las tres semanas Biron había sido desterrado a Siberia, y solo trece meses después de su coronación, el desafortunado niño zar y su familia serían encarcelados en una fortaleza en la Letonia controlada por Rusia después de un golpe de Estado dirigido por Isabel, la hija de Pedro. Iván V y Pedro se las habían arreglado para coexistir como monarcas, pero sus descendientes parecían abocados a la guerra.

Enérgica, inteligente y encantadora, Isabel se había ganado la lealtad del regimiento de elite Preobrazhensky, que en 1741 tomó el Palacio de Invierno, detuvo a Iván y aseguró el trono para ella en una noche sin derramamiento de sangre. La emperatriz Isabel (r. 1741-1762), de treinta y tres años, inauguró una época de elegancia, extravagancia y diplomacia. Rusia se hizo más presente que nunca entre las grades potencias europeas. Se puso fin a una guerra con Suecia, en la que Rusia se anexionaría el sur de Finlandia, y fue un actor clave en la guerra de los Siete Años, contra una ascendente Prusia. En 1762, Federico el Grande de Prusia estaba al borde de la derrota cuando llegaron las noticias de que Isabel había muerto. Sin hijos, y desesperada por mantener en el trono la línea consanguínea de Pedro el Grande, el único heredero disponible era su sobrino, Pedro de Holstein-Gottorp. Nacido en Alemania —aunque Isabel se había esforzado para que recibiese una educación rusa—, desfigurado por la viruela y obsesionado con los soldados de juguete, Pedro III (r. 1762) solo reinaría 186 días. No obstante, lo importante es que su coronación abrió la puerta del Palacio de Invierno a su mujer, la princesa Sofía de Anhalt-Zerbst, que sería conocida en la historia como la emperatriz Catalina la Grande.

## De Sofía a Catalina

Sophie Friederike Auguste von Anhalt-Zerbst-Dornburg venía de una familia aristocrática prusiana con considerables conexiones, pero relativamente pobre. Como todas las mujeres de su entorno social, la expectativa era que se casase por el bien de la familia, con independencia de sus propias preferencias. Ciertamente, la elección de su primo segundo, Pedro de Holstein-Gottorp, fue producto de la política, no del afecto. La tía de Pedro, la zarina Isabel, estaba ansiosa por tender puentes con Prusia, y la ambiciosa y manipuladora madre de Sofía estaba entusiasmada ante la perspectiva de tener una hija en el trono de Rusia y poder espiar para Federico II de Prusia (al final, fue expulsada del país por esa razón). A la edad de quince años, Sofía viajó a Rusia. Encontró aborrecible a Pedro, pero no tenía mucho que decir al respecto, y, por otra parte, no era ajena a las oportunidades que se le abrían a una joven princesa prusiana sin muchos medios. Tampoco le vino mal el haber cautivado a Isabel. De manera que, con su característico entusiasmo, Sofía se dedicó a aprender el ruso, se bautizó en la fe ortodoxa con el nombre ruso de Yekaterina —Catalina— y se casó con Pedro en 1745.

Conocer a Pedro no mejoró la opinión que Catalina tenía de él, con lo cual los dos decidieron llevar vidas separadas, tomando amantes y persiguiendo sus propios intereses. A Pedro le gustaba jugar con soldados de juguete y con soldados de verdad, obligando a sus servidores a llevar a cabo una instrucción exigente y elaborada cada mañana. La vivaz y astuta Catalina, mientras tanto, cortejaba a los todopoderosos regimientos de la Guardia. Cuando Pedro III accedió al trono, en 1762, se garantizó la impopularidad de sus súbditos, en buena medida retirándose prematuramente de la guerra con Prusia (era un gran admirador de Federico el Grande, al que se refería incluso como «mi maestro»).

La ironía era que la zarina alemana Catalina parecía más leal que el zar Pedro, de pura sangre rusa. En cualquier caso, después de haber soportado diecisiete años de matrimonio, estaba claramente dispuesta a aprovechar toda oportunidad para librarse de su marido y ocupar su puesto. Mientras él pasaba el rato con sus familiares en sus propiedades rurales, Catalina estaba en San Petersburgo, conspirando. Resplandeciente en un uniforme de la Guardia, visitó los regimientos Izmailovsky y Smionovsky y les pidió su apoyo. Tenía a la Iglesia y a personajes claves del Gobierno de su parte, y tenía a la Guardia. Pedro fue arrestado, obligado a abdicar y asesinado poco después, tras lo cual, Catalina II (r. 1762-1796) se convirtió en emperatriz.

Como de costumbre, se rastreó en la historia la tradición y el ritual para justificar el pragmatismo político. Afortunadamente, se podía trazar una línea tenue que atravesaba la genealogía de

Catalina hasta la dinastía Ruríkida, y el ejemplo de la sucesión de Pedro el Grande por Catalina I, por muy cuestionable que hubiese sido en su época, se empleó como precedente. Aunque hubiese de vez en cuando rumores de conspiraciones —así como amenazas más serias de levantamientos rurales—, Catalina permanecería firmemente en el poder hasta su muerte. Educada, inteligente y proveniente de la más cosmopolita de las noblezas europeas, estaba comprometida con las reformas como medio de elevar a Rusia al nivel de sus rivales occidentales. Si Pedro el Grande se había centrado en cuestiones militares y en las medidas de construcción del Estado que estas demandaban, ella pondría el énfasis en lo cultural y lo intelectual, y en los programas que fluían de todo ello. En Europa, era la era del «despotismo ilustrado», de gobernantes autocráticos que afirmaban estar inspirados por los valores ilustrados de la razón, la ciencia, la libertad y la tolerancia, y que gobernaban en interés de su pueblo. A menudo, era más despotismo que ilustrado, y, de hecho, la propia Catalina dijo memorablemente: «Seré una autócrata: eso es lo que sé hacer».

No obstante, mostraba también un claro interés por presentarse a ella misma y a su país como potencias europeas a la vanguardia de la Ilustración. Las modas y la cultura occidentales se convirtieron en algo de rigor en sus extraordinariamente lujosas fiestas y celebraciones (hacia 1795, alrededor de una octava parte de todo el presupuesto estatal se gastaba en la corte). Al igual que contratar ingenieros navales holandeses e ingleses no modernizaría a Rusia de la noche a la mañana, tampoco la correspondencia con filósofos europeos y la adquisición de colecciones de arte occidental transformarían el país. Para ser honestos, su reputación no se debía tanto a lo que hizo, sino a lo que escribió, y a lo que otros escribieron sobre ella.

### ¿Una Ilustración vacía?

Eso no quiere decir que Catalina no hiciese nada. Todo lo contrario: el suyo fue un período de considerable progreso y cambio.

Libros extranjeros que habían sido prohibidos o ignorados fueron traducidos, y se introdujo la vacuna contra la viruela a pesar de las protestas de muchos. Propugnó la tolerancia religiosa (mientras que, al mismo tiempo, expropiaba hasta la última de las tierras de la Iglesia) y puso fin al empleo de la tortura (en teoría). Aunque, como era de esperar, sus grandiosos planes para proporcionar educación universal se quedaron en nada —en buena medida porque los campesinos no estaban muy interesados—, durante su reinado se expandieron las escuelas y las universidades, e incluso algunas mujeres fueron admitidas.

Y, no obstante, había un cierto vacío en el centro de sus programas de reformas. Parecía creer genuinamente en la importancia de la libertad y de la ley, que, para tener sentido, tenía que constreñir la acción del Estado y de la monarquía. Pero también era una autócrata sin complejos, incapaz de tolerar la protesta o el disenso. ¿Hablaba en serio de la legalidad y de las reformas, o simplemente estaba desempeñando un papel? En 1766, por ejemplo, convocó una Comisión Legislativa que iba a estar formada por representantes de la aristocracia, la nobleza rural, los habitantes de las ciudades, los campesinos del Estado y los cosacos —no los siervos— para evaluar un nuevo código jurídico. Catalina les presentó el *Nazak*, una «Instrucción» que contenía veintidós capítulos con los principios que quería ver plasmados en el Código. Trabajó en este documento durante casi dos años, y aunque a menudo plagiaba palabra por palabra al filósofo francés Montesquieu, al jurista italiano Cesare Beccaria y a otros pensadores europeos, se trata, no obstante, de un tratado impresionante y progresista, que aúna el compromiso con el absolutismo con nociones avanzadas de igualdad y legalidad.

No obstante, cuando la comisión se reunió al año siguiente, quedó claro que esta colección más bien caótica de boyardos y urbanitas, soldados y terratenientes, oficinistas y cosacos, no estaba cualificada para la tarea encomendada, mostrándose desunida y no muy segura de cuál era su mandato. Se reunió doscientas tres veces y debatió sobre todos los asuntos, desde los privilegios de los nobles hasta los derechos de los comerciantes, pero fue incapaz de alcanzar ninguna conclusión o de hacer una sola recomendación.

Al final, cuando estalló la guerra ruso-turca, en 1768, fue suspendida y nunca convocada de nuevo.

¿Significa eso que se trató de algo absurdo, nada más que un ejercicio de constitucionalismo cosmético? No del todo. En primer lugar, no se puede culpar por completo a Catalina del resultado. Era una consulta experimental, y en gran medida una oportunidad de ver si había algún consenso sobre algo en el país (no lo había). También le proporcionó información sobre las prioridades y preocupaciones de los grupos sociales, que, por lo demás, solo en raras ocasiones conseguían que se oyese su voz, una voz que, indirectamente, sí se dejó oír en mucha de la legislación futura. También reunió a representantes de la pequeña nobleza rural, que normalmente no se alejaban mucho de sus propiedades, excepto cuando eran llamados a filas. Esto les recordó a los boyardos (el término se seguía utilizando para los aristócratas más poderosos) que había bases de poder alternativas a las que Catalina podía recurrir.

### Poder y objetivos

Después de todo, detrás de toda la grandiosa retórica sobre el igualitarismo había una renegociación crucial del poder entre el Estado y una aristocracia que todavía dominaba el ejército, el funcionariado y el campo. Esta última no estaba formada por inversores con capital en acciones y valores, ni todos sus miembros estaban al servicio del Gobierno. Su riqueza estaba aún invertida en la tierra y en los campesinos y siervos que la trabajaban, por lo que los siervos tenían que seguir siendo siervos. Como emperatriz, Catalina era propietaria de medio millón de ellos, y el Estado tenía otros 2,8 millones. Les dio el derecho de petición ante los gobernadores locales si sus amos abusaban de ellos, pero, al mismo tiempo, otorgó a los terratenientes el derecho de exiliar siervos a Siberia. Ganaron algo, pero posiblemente perdieron más.

En su reinado relámpago, Pedro III había aprobado toda una batería de nuevas leyes y decretos, incluyendo el «Manifiesto de la Libertad de la Nobleza», que redujo más aún las obligaciones

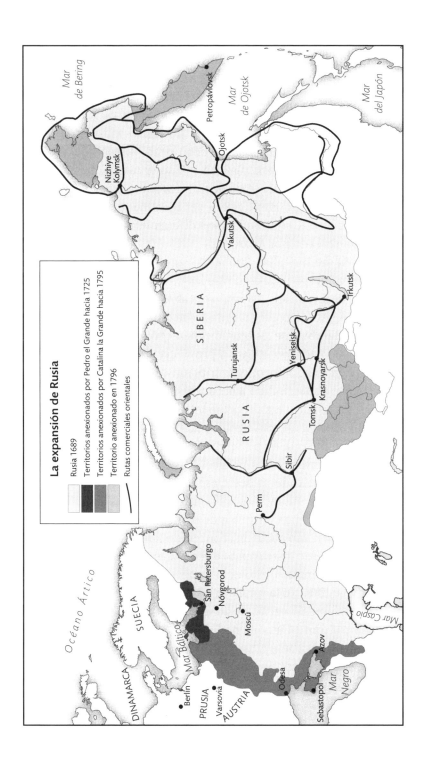

La expansión de Rusia

Rusia 1689

Territorios anexionados por Pedro el Grande hacia 1725

Territorios anexionados por Catalina la Grande hacia 1795

Territorio anexionado en 1796

Rutas comerciales orientales

Mar de Bering

Mar de Ojotsk

Mar del Japón

Petropávlovsk

Ojotsk

Nizhiye Kolymsk

Yakutsk

Irkutsk

SIBERIA

Turujansk

Yeniseisk

Krasnoyarsk

Tomsk

RUSIA

Sibir

Perm

Océano Ártico

SUECIA

DINAMARCA

Berlín

PRUSIA

Varsovia

AUSTRIA

Mar Báltico

San Petersburgo

Nóvgorod

Moscú

Odesa

Azov

Sebastopol

Mar Negro

Mar Caspio

de servicio de la aristocracia. En su opinión, «ningún noble ruso debería ser obligado a servir contra su voluntad; tampoco serán empleados por ninguno de Nuestros departamentos administrativos salvo en casos de emergencia y, aun entonces, solo si Nosotros personalmente los convocamos». Un cínico podría sugerir que un hombre débil en una posición débil estaba intentando comprar el apoyo de la aristocracia rusa. En cualquier caso, Catalina —presumiblemente consciente de que un monarca que ha llegado al poder mediante un golpe puede ser igualmente depuesto fácilmente por otro— continuó con el desmantelamiento del Estado de servicio creado por Pedro.

En 1785 fue más allá, aprobando su «Estatuto de la Nobleza». Este nuevo cuerpo legal confirmó las exenciones al servicio estatal y al pago de impuestos, así como sus abrumadores derechos sobre los siervos y sus derechos ilimitados hereditarios a todas sus propiedades. También se les otorgó el derecho a establecer su propia asamblea en cada *guberniya*, o provincia. En buena medida, era Catalina en estado puro: conscripción disfrazada de concesión. Claramente había llegado a la conclusión de que uno de los problemas del imperio era precisamente que estaba demasiado centrado en torno a un único monarca. No quería debilitar la autocracia, sino hacerla más responsable y, así, más fuerte, creando instituciones intermedias que gestionasen los asuntos cotidianos, en lugar de que todo se decidiese desde San Petersburgo o por gobernadores nombrados por el centro, con todas las tentaciones que eso acarreaba en términos de corrupción y desidia. Después de todo, ese mismo año había concedido también estatutos a pueblos y ciudades, construyendo estructuras de gobierno local.

En varios sentidos, esto es lo importante de la era de las reformas de Catalina. No la vana e insustancial correspondencia, tampoco las promesas vacías de adhesión a los valores de la Ilustración. Puede que a Catalina no le gustase la pena de muerte, pero hizo oídos sordos ante el asesinato de Pablo III por el hermano de uno de sus favoritos, y Yemelián Pugachov, el líder de la mayor revuelta campesina de la historia rusa —que, evocando a los falsos Dmitris de otras eras, afirmaba ser Pablo III—, fue decapitado y descuartizado en Moscú en 1775.

Su política exterior fue igualmente pragmática, aunque estuviese envuelta en una retórica casi apologética: «No tengo otra forma de defender mis fronteras más que expandiéndolas», afirmó. Y lo hizo, ciertamente, añadiendo más de medio millón de kilómetros cuadrados al territorio ruso durante su reinado. Guerreó agresivamente con Polonia-Lituania, formando parte en las tres particiones que acabarían con Lituania y la mayor parte de la Polonia oriental en manos de Rusia. Los otomanos fueron, no obstante, el objetivo principal, porque Catalina veía que las mayores oportunidades estaban al sur. Nunca realizó esa «zancada imperial» a Constantinopla, pero derrotó a los turcos en las guerras de 1768-1774 y 1787-1792. Como resultado de ello, tomó el sur de Ucrania y, en un movimiento que tendría repercusiones históricas para el siglo XXI, anexionó a Rusia la dependencia otomana de Crimea en 1783.

En el fondo, la «déspota ilustrada» Catalina era más déspota que ilustrada. Sus palabras en el *Nakaz* no dejaban lugar a la ambigüedad: «El Soberano es absoluto; no hay ninguna otra Autoridad, sino la que se centra en su sola Persona, que puede actuar con un Vigor proporcional a la Medida de un Dominio tan vasto [...]. Cualquier otra Forma de Gobierno, la que sea, no solo sería perjudicial para Rusia, sino que sería su ruina». Pero era una déspota inteligente, que comprendió que las antiguas formas de gobernar Rusia estaban quedándose obsoletas. Como la siempre citable emperatriz afirmó una vez: «Un poderoso viento está soplando, y eso te puede dar imaginación o un dolor de cabeza». No cabe duda de que no descubrió la respuesta a la cuestión de cómo podría cambiar Rusia, pero empezó a plantear la pregunta.

### Después de Catalina

Catalina falleció de muerte natural en 1796 y fue sucedida por su hijo Pablo I (r. 1796-1801). Había frecuentes habladurías sobre si era realmente el hijo de Pedro III, y Catalina no le dedicó mucho tiempo durante su infancia. De hecho, consideró seriamente la posibilidad de saltárselo en la línea sucesoria y declarar heredero a su hijo Alejandro. Su reinado se vio eclipsado por la personalidad y la leyenda de Catalina. En lo que podría haber sido su propia forma de rebelión adolescente —aunque tenía cuarenta y dos años cuando fue coronado—, dio la espalda a una educación que había sido diseñada para hacer de él el perfecto reformador ilustrado y, en su lugar, se convirtió en el defensor de un conservadurismo inflexible y autoritario.

Proclamó a toda velocidad las llamadas Leyes Paulinas, que establecían que desde ese momento el trono solo podría recaer en el siguiente heredero varón en la línea sucesoria: no habría más emperatrices, ni el peligro de que alguien se encontrase con que su propio hijo había sido nombrado sucesor en su lugar. Su desprecio por la aristocracia no era ningún secreto, lo que le llevaba a enriquecer a un puñado de compinches mientras trataba al resto con desdén. Al igual que su padre, era un apasionado del Ejército, pero, también como su padre, entendía poco de la milicia real y se dedicaba más bien a los desfiles y a decidir sobre los detalles de los uniformes.

No obstante, el estado del Ejército ruso tendría su importancia. Era la época de la Revolución francesa, y, siendo al mismo tiempo un autócrata convencido y alguien con claras inclinaciones místicas (en 1798 fue elegido gran maestre de la Orden Maltesa de los Caballeros de San Juan de Jerusalén), pensaba en términos de una cruzada contra la anarquía. En 1799, Rusia se unió a Austria, Turquía, Gran Bretaña y Nápoles en la guerra con Francia. La coalición acabaría desbaratándose y, una vez que Napoleón se autoproclamó «primer cónsul» en 1799, Pablo empezó a hablar de una posible alianza con Francia contra los otomanos. Llegó incluso a planear el envío de una fuerza contra la India británica. A la elite aristocrática rusa le daba la impresión de que quería conquistar el mundo.

Se había vuelto peligroso en una época peligrosa, y a ojos de hombres peligrosos. En 1801, una banda de oficiales destituidos asaltó su dormitorio e intentó obligarle a firmar un decreto de abdicación. Cuando se resistió, le estrangularon. ¿Sabía su hijo mayor, Alejandro, de veintitrés años de edad, que esto iba a suceder? Todo lo que sabemos es que nunca castigó a los asesinos. No obstante, en última instancia, conocemos mucho de lo que el zar Alejandro I (r. 1801-1825) hizo y dijo, pero es frustrantemente difícil establecer quién era realmente. ¿Un liberal? ¿Un conservador? Uno de sus mentores, Mijaíl Speransky, dijo que era «demasiado débil para gobernar y demasiado fuerte para ser gobernado». Aunque lo cierto es que quizá esto no sea tan importante, porque su reinado se vería marcado por una guerra con Francia que llevaría al incendio de Moscú, a la ocupación de París por soldados rusos y a un mundo nuevo.

El país tendría que enfrentarse finalmente al desafío de la reforma. Pedro el Grande había intentado forzar una modernización desde arriba, y había realizado algunos avances, pero no los suficientes. Catalina la Grande había intentado inspirar una modernización desde arriba, y había realizado algunos avances, pero no los suficientes. Estaba claro que el cambio real tendría que venir desde abajo, y esto abría una perspectiva más bien aterradora para algunos y una oportunidad emocionante para otros. Las palabras iniciales del *Nakaz* de Catalina eran que «Rusia es un Estado europeo». Pero en una de sus cartas al escritor francés Denis Diderot, escribió que «vosotros los filósofos sois hombres afortunados. Escribís en papel, y el papel lo soporta todo. Yo, desdichada emperatriz como soy, escribo en las delicadas pieles de seres vivos». Era el momento de ver si se podía esperar algo más de los rusos que verse engalanados con ropajes europeos o enseñados a leer libros europeos y a admirar el arte europeo. ¿Podían, en lugar de ello, tener una identidad europea —definida en términos de cultura y valores tanto como de tecnología e industria— escrita sobre y dentro de su piel?

Olvidémonos de las historias que Rusia contaba al resto del mundo, epitomizadas en las *belles lettres* de Catalina a los filósofos de Occidente. La cuestión real es qué historias se contarían los rusos a sí mismos. Pedro y Catalina habían intentado crear narrativas que situaban a Rusia en Europa, sin pensar necesariamente en qué significaba eso en realidad. También les habían contado esas historias a los extranjeros y a las elites. La lenta expansión de la educación y la alfabetización, la emergencia de una clase media que buscaba su lugar en el mundo, unas influencias que iban desde la Revolución francesa hasta el marxismo, todo ello garantizaría que en el siglo xix la identidad rusa fuese disputada más vigorosamente y por más actores que nunca antes.

*Lecturas adicionales.* *Catalina la Grande* (Crítica, 2012), de Robert K. Massie, es una imponente biografía, toda una referencia, aunque *Catherine the Great and Potemkin: The Imperial Love Affair* (Weidenfeld & Nicolson, 2016), de Simon Sebag Montefiore, es más divertida. Para leer su correspondencia, *Catherine the Great: Selected Letters* (Oxford University Press, 2018), traducida por Andrew Kahn y Kelsey Rubin-Detlev, es una buena colección, y siempre están las *Memorias de la emperatriz Catalina la Grande* (Mateu, 1973).

# 06

# «Ortodoxia. Autocracia. Nacionalidad»

**Cronología**

| | |
|---|---|
| **1812** | Invasión de Rusia por Napoleón |
| **1826-1828** | Guerra ruso-persa |
| **1828-1829** | Guerra ruso-turca |
| **1853-1856** | Guerra de Crimea |
| **1855** | Muerte de Nicolás I |
| **1861** | Emancipación de los siervos |
| **1881** | Asesinato de Alejandro II |
| **1904-1905** | Guerra ruso-japonesa |
| **1905** | Revolución de 1905 |

A la vista del Kremlin, la catedral de paredes blancas y cúpulas doradas de Cristo Salvador fue concebida originalmente por Alejandro I para celebrar la victoria de Rusia contra Napoleón. Iba a ser una estructura neoclásica, un reflejo del estilo dominante en Occidente en esa época. No obstante, el sitio al que estaba originalmente destinada demostró ser poco adecuado, de manera que su hermano, Nicolás I, decretó que la catedral sería construida donde está actualmente, pero también decidió optar por un estilo más tradicional, que evocase las tradiciones rusas y las glorias de Santa Sofía en Constantinopla. La estructura externa fue completada bajo el zar Alejandro II, que en gran medida ignoró el proyecto, y la catedral fue finalmente consagrada en 1883, en la víspera de la coronación de Alejandro III. Más tarde, sería dinamitada bajo Stalin y reconstruida en la década de 1990, siguiendo a grandes rasgos el diseño original de Nicolás.

Catedral de Cristo Salvador, Moscú (© Mark Galeotti)

Construida en granito, mármol y veinte toneladas de oro, la iglesia es una metáfora de los cambios de las políticas y las prioridades a lo largo de los años. Alejandro I quería mostrar que Rusia era lo suficientemente rica como para poder construir un enorme edificio al gusto de la época. Nicolás I quería demostrar que Rusia no necesitaba estar al día con sus vecinos, que podía más bien aferrarse al estilo y la estética imperial tradicionales. Alejandro II estaba demasiado ocupado con otras cuestiones y no especialmente interesado en las iglesias, sino más bien en las fábricas, los tribunales y las escuelas.

¿Debería Rusia simplemente intentar parecerse a una potencia occidental, sin intentar serlo realmente? ¿Debería aferrarse a sus propias tradiciones? ¿Debería intentar aprehender la esencia de la modernización, y no solo las apariencias de la misma? La invasión de Napoleón fue derrotada por la logística y la demografía, pero Rusia se convenció a sí misma de que su capacidad de resistir su avance y contraatacar había demostrado que era más fuerte de lo que todo el mundo pensaba. Esta fue la excusa perfecta para aplazar la modernización social, política y económica que Rusia necesitaba desesperadamente. Después de todo, cualquier reforma implicaría inevitablemente incertidumbre e inquietud, como demostraría el reinado de Alejandro II.

El siglo XIX, por tanto, sería una época de mitos enfrentados, cada uno de los cuales vinculaba directamente a Rusia con Europa. Para los reformistas, tenía que ser más occidental. Para los conservadores, Rusia necesitaba rechazar a Occidente, o de lo contrario se desataría el caos. Mientras tanto, los revolucionarios estaban cada vez más influidos por ideologías elaboradas en Europa, que eran vistas como soluciones mágicas que de alguna manera harían que Rusia saltase por encima de las naciones social y económicamente avanzadas de Occidente. Incapaz de aceptar los cambios que estaban transformando Europa, pero igualmente incapaz de aceptar ser excluida de Europa, Rusia estaba siendo desgarrada por las contradicciones inherentes a las historias que se contaba a sí misma sobre sí misma.

## El General Invierno y la Madre Rusia

Gran parte del siglo XIX ruso estaría marcado por la decisión de Napoleón de invadir el país en 1812. La guerra que siguió —que fue denominada la «Guerra Patriótica» por los rusos— fue terrible, y, por ello, la victoria final fue de lo más transformadora. Alejandro I (r. 1801-1825), el zar del cual dijo uno de sus contemporáneos que «llamaba a cada puerta, por así decirlo, sin saber cuál era su propia opinión», se había enfrentado al principio a Francia y después se había unido a ella en una alianza de conveniencia que había naufragado en 1810, cuando Napoleón incumplió su promesa de ayudar a Rusia contra los otomanos. El emperador francés no era alguien al que le detuviesen los motivos personales o políticos, de manera que en 1812, en un fatídico acto de arrogancia, dirigió a su *Grande Armée*, la mayor fuerza expedicionaria que el mundo había conocido, hacia el interior de Rusia. Era el momento, supuestamente dijo Napoleón, «de acabar de una vez por todas con estos bárbaros del norte», que «deben ser devueltos a sus parajes helados, para que en los siguientes veinticinco años dejen de ocuparse de los asuntos de la Europa civilizada».

El ejército napoleónico de veteranos franceses, lanceros polacos y tiradores piamonteses sería desbaratado en Rusia. En parte fue gracias a la tenaz resistencia de los rusos, pero también al tradicional aliado del país, el «General Invierno», y al tamaño mismo de la Madre Rusia. Enfrentado a un enemigo capaz y dispuesto a sacar ventaja al máximo de la profundidad estratégica y a retirarse ante su avance, quemando cosechas y arruinando pozos en el proceso, Napoleón se desesperaba cada vez más ante la poca disposición de los rusos a actuar de acuerdo con sus reglas. Finalmente, en Borodino, los rusos se plantaron y lucharon, perdiendo quizá una tercera parte de su ejército, destrozado por el devastador cañoneo francés, en lo que fue el día más sangriento de las guerras napoleónicas. Aun así, se retiraron en orden. Los rusos incluso abandonaron Moscú, pero se negaron a rendirse.

Napoleón se entretuvo en Moscú un mes entero, convencido de que los rusos se rendirían. Cuando no lo hicieron, y dado que las reservas de alimento para sus hombres y de forraje para sus caballos se iban agotando, no tuvo más remedio que retirarse. Acosada por los ataques relámpago de los cosacos, emboscada por campesinos encolerizados, azotada por el hambre y la enfermedad, la *Grande Armée* iba menguando a cada paso, mientras Napoleón se adelantaba y volvía a París, desesperado por apuntalar su posición y vender la derrota como una victoria. De los 685.000 hombres que marcharon a Rusia, solo unos 23.000 salieron vivos.

La guerra no había terminado, pero Napoleón había perdido la iniciativa. Viendo posible la victoria, Prusia y Austria se unieron a Rusia en su ofensiva hacia Occidente, mientras que el duque de Wellington dirigió a sus fuerzas británicas, españolas y portuguesas al otro lado de los Pirineos, hacia el interior de Francia. En 1814, Napoleón abdicó y se exilió en Elba (de donde regresaría brevemente en 1815, pero esa es otra historia), Francia fue despojada de veinte años de conquistas, el zar añadiría partes de Finlandia y de Polonia a su imperio, y los oficiales rusos brindarían por su victoria en los Champs-Élysées.

# Después del Anticristo

Antes de la guerra, el siempre inconstante Alejandro había flirteado inicialmente con las reformas, atreviéndose incluso a proponer que los candidatos a las más altas esferas del Gobierno tuviesen que pasar exámenes, pero todo ello fue antes de caer bajo la influencia del conde Alexéi Arakchéyev. Fanático despiadado con predecible mal genio e impredecibles y depravados caprichos —podía ponerse a llorar ante la belleza del canto de los ruiseñores y después hacer que matasen a todos los gatos del vecindario para que no se los comiesen—, Arakchéyev animó a Alejandro a que abrazase el mesianismo místico de su padre. La Revolución francesa había desatado una oleada de radicalismo en Europa, y, en última instancia, había generado a Napoleón. En la mente de Alejandro, la consiguiente anarquía que amenazaba a Europa era vista como una amenaza casi satánica —se obsesionó con la noticia de que un académico ruso había demostrado a través de un análisis numerológico cabalista que las letras de la expresión «*L'Empereur Napoléon*» equivalían al 666, el «número de la Bestia»—, y la victoria, como el triunfo del orden legítimo.

También parecía reafirmar la fuerza del Estado ruso. El siglo XVIII había estado dominado por la preocupación acerca de cómo modernizarse, cómo alcanzar a Occidente y hasta qué punto eso sería peligroso para el orden establecido. ¿Sustituirían los «hombres nuevos» a la aristocracia en el aparato estatal? ¿Provocaría la expansión educativa un mayor sentimiento revolucionario? La victoria sobre Napoleón se convirtió en un mito conveniente de la buena salud del sistema. Después de Borodino, Napoleón escribió que «los franceses han demostrado que son dignos de la victoria, pero los rusos han demostrado ser dignos de la invencibilidad». Se podría decir que fue este un legado envenenado para los vencedores: peligroso es el día en que un régimen se convence a sí mismo de su propia invencibilidad.

Más aún cuando algunos de sus mejores y más brillantes miembros están sacando precisamente las conclusiones opuestas. Desde la época de Catalina, el idioma, la literatura y las ideas francesas habían sido consideradas el culmen de la sofisticación. Muchos oficiales jóvenes, provenientes de la elite educada, se habían visto atraídos por los ideales de la era revolucionaria y después habían sido expuestos a ellos en la misma Francia. Los primeros años del reinado de Alejandro habían generado la esperanza de que se iba a producir un cambio en Rusia, pero esa esperanza se vio frustrada por la subsiguiente reacción conservadora. Las sociedades secretas, las facciones radicales y los movimientos conspirativos se agitaban bajo la superficie ordenada del régimen. Algunos de ellos abogaban por la monarquía constitucional; otros, directamente por el republicanismo. Para la década de 1820, todos ellos concluyeron que la única esperanza para lograr un cambio era dar un golpe violento. Incluso fijaron una fecha: diciembre de 1825.

Y entonces, Alejandro tuvo el mal gusto de morirse de tifus, apenas un mes antes del proyectado golpe.

## El zar soldado

Pero ¿por qué habría que desperdiciar una buena conspiración? Decidieron seguir con sus planes, justo cuando el nuevo zar, Nicolás I, estaba siendo coronado, y, de esta manera, garantizaron que su reinado estuviese dedicado a una defensa sin fisuras del *statu quo*. La historia de Rusia está llena de esas trágicas ironías.

Nicolás ni siquiera estaba destinado a ser zar. Alejandro no dejó ningún heredero legítimo, excepto dos hermanos. El más pequeño, Nicolás —Nikolái—, fue educado como soldado, porque el gran duque Konstantin, gobernador de Polonia, era el siguiente en la línea sucesoria. Pero Konstantin se casó con una condesa polaca católica en 1820, y, como consecuencia de ello, renunció en secreto a sus derechos al trono. Con un fuerte sentido del deber, enérgico y poco imaginativo, Nicolás aceptó entonces el trono, justo en el momento en el que los conspiradores liberales se apresuraban a intentar tomar la iniciativa. En lo que se conoció como la revuelta decembrista de 1825, alrededor de tres mil jóvenes oficiales del Ejército tomaron las calles de San Petersburgo. Demandaban una constitución, querían reformas, y lo que obtuvieron fue a Nicolás. Fueron barridos a cañonazos de la plaza del Senado, y los supervivientes, detenidos por tropas leales a punta de bayoneta y, en su mayoría, enviados al exilio en Siberia. El nuevo zar llegaría al poder en medio de una batalla, y desde el principio se vio a sí mismo como un soldado en el frente contra la anarquía y la insurrección. No veía ninguna contradicción entre su idea de que un autócrata tenía que ser «amable, cortés y justo», y la construcción de un Estado policial que reprimía sin piedad a los escritores liberales y los pensadores radicales. Consideraba el imperio como un ejército. Al igual que un ejército necesitaba disciplina, una nación también la necesitaba, y en una época de sentimientos revolucionarios era necesario algo que la uniese. Tras la revuelta decembrista, que fue considerada en parte un producto de la influencia del peligroso y foráneo librepensamiento entre los jóvenes educados, le correspondió al conde Serguéi Uvárov, como ministro de Educación, proporcionar la solución a ese problema. En 1833 propuso la noción de «Nacionalidad Oficial», una doctrina que afirmaba que los valores tradicionales de Rusia tenían que ser defendidos contra las ideas extranjeras. La fórmula que se adoptó fue «Ortodoxia. Autocracia. Nacionalidad».

Enfatizar el papel de Rusia como el último auténtico Estado ortodoxo no era nada nuevo, pero después de un siglo en el que, al menos en teoría, se había defendido la idea de ir más allá de la tradición y abrazar el racionalismo occidental, esa idea se convirtió en una justificación para hacer justo lo opuesto. «Europa» era ahora una fuente de contaminación que, en palabras de Nicolás, «no armonizaba ni con el carácter ni con los sentimientos de la nación rusa». Dios quería que Rusia fuese Rusia, no una pálida copia de Europa occidental. Esa sería la tarea de una autocracia no diluida por el constitucionalismo. Esto no significaba la tiranía por la tiranía, sino lo que podríamos llamar, en contraste con el ideal de Catalina, despotismo antiilustrado: un poder central rígido en nombre del interés común. En la búsqueda de la unidad nacional y de una única lealtad, todos los súbditos del zar abrazarían una única fe y unos únicos valores. Esta fue la era de la «rusificación», en la que la Iglesia católica en Polonia fue sometida a nuevas restricciones y en la que los polacos, los ucranianos, los lituanos y los habitantes de Besarabia fueron presionados para que aprendiesen ruso.

Astolphe-Louis-Léonor, marqués de Custine, era un aristócrata liberal francés que viajó por una Rusia que claramente le dejó horrorizado. En su opinión, «este imperio, en toda su enormidad, es solo una prisión cuya llave está en manos del emperador». Lo más irónico es que el zar que ha pasado a la historia sobre todo como el epítome del martinete con el que era imposible razonar, el defensor sin sentido del humor de un orden moribundo y despótico, era, en realidad, alguien bastante escéptico con respecto a ese mismo orden. Creía genuinamente en su derecho divino a gobernar, pero también pensaba que esto implicaba trabajo duro y ser consciente de su responsabilidad hacia Rusia y hacia Dios. Creó el Cuerpo Especial de Gendarmes y la temida policía política de la Tercera Sección de la Cancillería de Su Majestad Imperial, ambas bajo el mando del general conde Alexander Benckendorff, pero estaba convencido de que su función era proteger al pueblo, vigilarlo por su propio bien. Es notorio que Nicolás le dio a Benckendorff un pañuelo para que enjugase las lágrimas de sus súbditos. También presidió un régimen de censura que a veces frisaba en la farsa —en algunos libros de cocina, las referencias al «aire libre» eran censuradas por parecer demasiado subversivas, y tanto Alexander Pushkin como Fiódor Dostoievski, dos grandes del canon literario ruso, serían objeto de la atención de la Tercera Sección—, pero que, a pesar de ello, era visto como algo esencial para detener la marea de ideas destructivas provenientes de Occidente.

No era un zar autoindulgente, y con el tiempo se desengañaría de la trivialidad y la pompa de los pasatiempos cortesanos. Ciertamente no se hacía ilusiones con la aristocracia; según una leyenda, le dijo a su hijo Alejandro cuando este tenía diez años: «Creo que tú y yo somos las únicas personas en Rusia que no robamos». De hecho, su reinado fue célebre por la proliferación de generales nombrados ministros y de aristócratas alemanes del Báltico (como Benckendorff) procedentes de los márgenes noroccidentales del imperio ascendidos a posiciones claves: pensaba que tenía que buscar fuera de la reserva tradicional de oficiales y nobles con la esperanza de encontrar un personal honesto y eficiente. Tristemente, en muchas ocasiones esto tampoco funcionó. Lo más sorprendente es que Nicolás también desaprobaba la institución de la servidumbre. A lo largo de su reinado convocaría una serie de comisiones secretas para buscar alguna forma de cuadrar el círculo: cómo abolir un sistema de esclavitud agraria que era ineficiente, inhumano y una fuente de levantamientos periódicos, sin desestabilizar completamente todo el orden social ni ponerse en contra a la aristocracia rural, los terratenientes que eran la columna vertebral de todo el orden zarista en el campo. Nicolás era valiente ante el peligro físico, pero nunca se atrevió a enfrentarse a este desafío, concluyendo: «No cabe duda de que la servidumbre en su estado actual es algo malvado [...], pero intentar acabar con ella en este preciso momento puede ocasionar un mal aún mayor». ¿Y por qué arriesgarse? ¿No había demostrado la victoria frente a Napoleón que, por atrasado que pareciese, el sistema ruso era lo suficientemente fuerte para triunfar y sobrevivir? Eso es lo que se decían los gobernantes rusos a sí mismos, mientras podían.

## El gendarme de Europa

Durante un tiempo, seguirían haciéndolo. Durante la mayor parte de su reinado, Nicolás fue un zar guerrero exitoso. Ciertamente dedicaba pasión, tiempo y excesivas cantidades de dinero a las fuerzas armadas rusas. Su ejército crecería hasta alcanzar un millón de hombres —de una población total de entre sesenta y setenta millones—, pero al final quedó claro que unos uniformes pulidos y relucientes no equivalen a una auténtica efectividad en combate.

Al igual que Alejandro, Nicolás consideraba que la defensa del orden tradicional era un deber internacionalista. Durante su reinado, Rusia pasó a ser conocida como el «gendarme de Europa», por su entusiasmo en ayudar a otros monarcas a extinguir los fuegos y las ascuas de la revolución. En 1831, su ejército aplastó una revuelta en Polonia provocada por la abolición de los derechos constitucionales de los polacos. Polonia, que había sido hasta entonces un reino sometido pero con su propio Parlamento, se vio reducida al estatus de mera provincia, bajo un gobernador nombrado por el zar. Cuando estallaron una serie de revoluciones a lo largo de toda Europa en 1848, a pesar de que Rusia estaba atravesando una hambruna provocada por unas cosechas inusualmente malas y una epidemia de cólera, sus tropas marcharían de nuevo en nombre del *statu quo*. Habiendo ayudado a los austriacos a aplastar la revuelta de la Ciudad Libre de Cracovia en 1846, Nicolás desbarató el movimiento nacional moldavo de 1848 y después lanzó sus ejércitos a unirse al Imperio de los Habsburgo para sofocar la revolución húngara en 1849.

De nuevo, el águila bicéfala miró en ambas direcciones. Nicolás estaba al mismo tiempo comprometido con —tal como él lo veía— salvar a Europa de sus impíos e ilegítimos devaneos con el liberalismo, y con la protección de Rusia frente a las ideas europeas. Consciente de los avances científicos y tecnológicos occidentales, quería adoptar aquellos elementos de Occidente que consideraba útiles y, al mismo tiempo, ignorar los contextos social, político y jurídico de los que se derivaban. Sin una floreciente clase mercantil que generase capital para invertir, sin un debate libre y abierto en las universidades y en los círculos educados que generase ideas, y sin una mayor movilidad social que generase nuevas cohortes de innovadores y escépticos, Rusia siempre estaría atrasada, intentando desesperadamente adoptar y adaptar los inventos de otros.

Esto no tendría mucha importancia mientras los ejércitos de Nicolás se enfrentasen a alborotadores, o incluso cuando sus enemigos fuesen persas o turcos. Pero sí importaría, y mucho, cuando se encontrasen luchando contra los británicos y los franceses —las potencias militares más avanzadas de la época— en Crimea, una guerra que Nicolás nunca había querido y que, paradójicamente, fue el resultado de su deseo de proteger el *statu quo* en Europa.

A pesar de todas las caricaturas occidentales que le presentaban como una nueva encarnación del oso ruso ávido de territorios al sur y al sudoeste, en gran medida él pensaba que estaba intentando mantener la estabilidad del continente. Esto era algo difícil cuando se trataba del viejo rival de Rusia, el Imperio otomano.

Había mucha mala sangre en esa relación, en buena medida por la ocupación por parte de los turcos musulmanes de tierras cristianas ortodoxas (así como de la «Segunda Roma», Constantinopla). Nicolás temía, no obstante, que cualquier presión seria sobre este imperio en decadencia podría hacerlo caer, provocando entonces el caos en el sudeste de Europa, enfadando a los aliados de los otomanos, Francia y Gran Bretaña, y alienando a la aliada Austria. En lugar de ello, quería mantener a los otomanos lo suficientemente débiles para que no fuesen una amenaza —y, potencialmente, convertirlos incluso en vasallos rusos—, pero no tan débiles como para que su imperio se desintegrase. Nicolás también necesitaba obtener derechos de paso a través de los estrechos de los Dardanelos y el Bósforo, una ruta comercial crucial para Rusia, especialmente para sus exportaciones de grano.

Los griegos habían estado luchando por su independencia desde 1821, y en 1827, temiendo un colapso otomano o una intervención unilateral rusa, los británicos y los franceses se unieron a los rusos para obligar al imperio a concederles al menos autonomía. En Navarino, la flota aliada derrotó completamente a una fuerza otomana mayor pero anticuada. Sin embargo, el sultán Mahmud II no estaba aún dispuesto a ceder. Cerró los Dardanelos a la navegación rusa. En respuesta a este desafío, Nicolás desplegó a cien mil hombres y, después de una dura lucha, en 1829, los otomanos fueron obligados a rendirse.

## Crimea y castigo

Al final, sin embargo, la «cuestión oriental» era menos sobre Turquía que sobre las relaciones entre las grandes potencias europeas. Gran Bretaña temía el expansionismo ruso: tanto Londres como San Petersburgo tendían a ver estrategias diabólicas a largo plazo en lo que eran realmente respuestas más bien torpes y pensadas sobre la marcha ante los desafíos de un mundo caótico. Napoleón III buscaba la gloria. Los otomanos temían a Rusia. Y Nicolás no solo temía quedar excluido del Mediterráneo, también le molestaba lo que veía como el doble rasero de los occidentales. Encontró apoyo para esos sentimientos en un informe de un académico ruso, Mijaíl Pagodin, que afirmaba que «no podemos esperar nada de Occidente excepto odio ciego y malicia».

Una disputa sobre los derechos de los cristianos en Tierra Santa, ocupada por los otomanos, llevó a que Nicolás se presentase como guardián de la comunidad ortodoxa. Los intentos de llegar a un acuerdo fracasaron y, en 1853, los otomanos —creyendo que tenían el apoyo británico y francés— declararon la guerra a Rusia. Los comienzos fueron duros; las tropas rusas cruzaron el Danubio e invadieron Rumanía y los buques de guerra rusos aplastaron a un escuadrón naval turco en Sinope. Temiendo un colapso otomano, los franceses y los británicos mandaron a toda prisa tropas a los Balcanes, justo cuando los rusos se estaban retirando.

Habiendo agitado el belicismo entre la opinión pública, ninguno de los dos Gobiernos podía adoptar ahora una posición en la cual «los franceses no hacían nada y los británicos les ayudaban a no hacer nada tan rápido como podían», en palabras de Karl Marx y Friedrich Engels. De manera que decidieron centrarse en la península de Crimea y en la principal base naval de Rusia en el mar Negro, Sebastopol. A las fuerzas aliadas les costó casi un año tomar la ciudad en una guerra marcada tanto por la incompetencia como por el valor mostrado por ambos bandos. La desdichada Carga de la Brigada Ligera, en la que un error de comunicación envió a la caballería británica derecha contra los cañones rusos, fue en buena medida un ejemplo de ambos.

En todo caso, esta guerra sería un punto de inflexión para Rusia, aunque Nicolás no llegaría a ver su final. Murió en 1855, mientras seguía en marcha el sitio de Sebastopol, y con él parece que murió también la reconfortante idea de que el atraso de Rusia no suponía ningún riesgo. Con sus barcos de vapor, las fuerzas británicas y francesas podían ser reforzadas y recibir suministros más rápidamente que los rusos, aunque estos estuvieran luchando en su propio territorio. Los rifles que usaba la infantería británica y la francesa superaban el alcance de los anticuados cañones rusos de ánima lisa. La brillantez de algunos generales zaristas y el valor estoico de muchas de sus tropas no podían ocultar el hecho de que el ejército ruso de siervos se veía superado en potencia de fuego

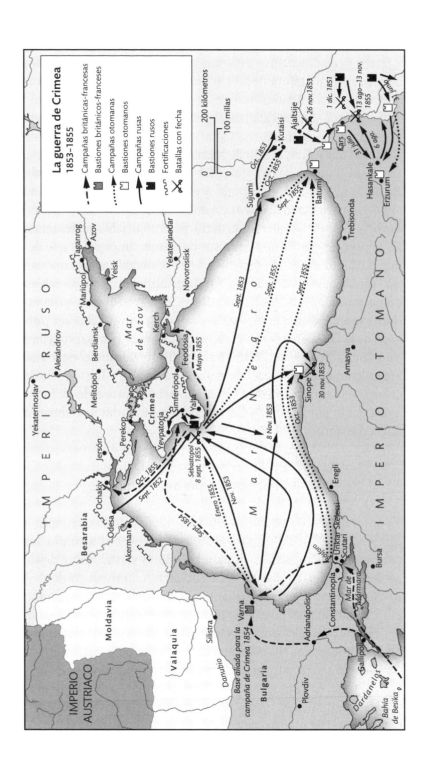

## La guerra de Crimea 1853-1855

- ▶ Campañas británicas-francesas
- ■ Bastiones británicos-franceses
- ▶ Campañas otomanas
- ▫ Bastiones otomanos
- ▶ Campañas rusas
- ◻ Bastiones rusos
- ■ Fortificaciones
- ✕ Batallas con fecha

0 — 100 millas
0 — 200 kilómetros

**IMPERIO AUSTRIACO**

**IMPERIO RUSO**

Moldavia

Valaquia

Besarabia

Danubio

Silistra

Plovdiv

Bulgaria

Adrianópolis

Constantinopla

Gallipoli

Bahía de Besika

Dardanelos

Mar de Mármara

Scutari

Üsküdar-Skelessi

Bósforo

Bursà

Eregli

Varna
Base aliada para la campaña de Crimea 1854

Yekaterinoslav

Alexándrov

Melitópol

Berdiansk

Mariúpol

Taganrog

Azov

Yeisk

Novorosisk

Yekaterinodar

Kerch

Mar de Azov

Perekop

Jersón

Ochakiv

Odesa

Akerman

Sept. 1852

Oct. 1855

Feodosia
Mayo 1855

Simferópol

Yalta

Yevpatoria

Crimea

Sebastopol
8 sept. 1855

Sept. 1855

Sept. 1854

Enero 1855

Nov. 1853

Mar Negro

8 Nov. 1853

Oct. 1853

Sinope
30 nov. 1853

Amasya

Trebisonda

Eregli

**IMPERIO OTOMANO**

Sept. 1853

Sept. 1855

Sept. 1855

Sujumi

Batumi

Kutaisi
Oct. 1853

Oct. 1855

Ajaltsije
26 nov. 1853

Kars
13 julio

6 ago.

13 ago.–13 nov. 1855

1 dic. 1851

Hasankale

Erzurum
31 junio 1855

y estaba mal adiestrado y a menudo mal dirigido. Era en todos los sentidos una metáfora de las circunstancias sociales, económicas y tecnológicas del país.

La guerra sería el catalizador para lo que se podría decir que fue el proyecto de ingeniería social más ambicioso que había visto Rusia. El nuevo zar, el hijo de Nicolás, Alejandro II (r. 1855-1881), firmó un acuerdo de paz y decidió centrarse en reformar el país. Rusia no se había modernizado, y eso la hacía vulnerable en una era de imperialismo agresivo y cambiante equilibrio de poder en Europa. Los siervos querían su tierra, pero no se sabía cuáles serían las consecuencias de acceder a sus deseos en un imperio que dependía de sus elites terratenientes. Los occidentalizadores querían una monarquía constitucional e industrialización, pero no sabían cómo trasladar esos objetivos a Rusia. Los eslavófilos conservadores se aferraban a la idea de que la cultura rusa debía ser purgada de la decadencia occidental, pero no sabían cómo reconciliar esto con la necesaria modernización. Todo el mundo estaba de acuerdo en que había que hacer algo —como dijo Tolstói: «Rusia caerá o será transformada»—, pero no había un acuerdo en torno a qué era lo que había que hacer. Todas las miradas se dirigieron hacia Alejandro.

## Una liberación a medio camino

Ya antes de su coronación, Alejandro había dejado claro que, a diferencia de Nicolás, estaba dispuesto a coger el toro por los cuernos, afirmando que «es mejor abolir la servidumbre desde arriba que esperar a que empiece a abolirse a sí misma desde abajo». La reforma era necesaria tanto para evitar la revolución como para evitar que las potencias extranjeras pensasen, como en su época lo hicieron los polacos y los suecos, que podían inmiscuirse en la política rusa. No obstante, una reforma tal tendría que hacerse desde arriba, para garantizar que fuese moderada, pero también porque, entre el atraso político del campesinado, la ausencia relativa de una clase media y el egoísmo de la aristocracia, ¿en quién se podría confiar para llevarla a cabo si no en el zar?

No obstante, había dos paradojas fatales e irreconciliables en las reformas de Alejandro. En primer lugar, con respecto a la liberalización. La igualdad ante la ley, el constitucionalismo y cuestiones similares planteaban inevitablemente un desafío a la creencia de Alejandro de que se necesitaba un poder ejecutivo más fuerte para impulsar la reforma, porque en gran medida todas esas medidas suponían limitar el poder sin trabas del Estado y del zar. Las fuerzas políticamente activas que generaron las reformas se vieron pronto ante una difícil elección: servir al Estado y perder su capacidad de acción independiente, o ser tratados como subversivos. La segunda paradoja era sobre la ejecución. Alejandro dependía de la burocracia estatal y de la aristocracia rural para llevar a cabo sus reformas, las mismas personas que se veían amenazadas por ellas, y no podía permitirse ponérselas en contra.

A pesar de todo, no cabe duda de que Alejandro se ganó su epíteto de «el Zar Libertador». Perdonó a los prisioneros políticos, relajó la censura, restauró la independencia de las universidades, estableció tribunales independientes y promovió una gran expansión de las escuelas para los pobres. El objetivo de sus «Grandes Reformas» era remodelar la base agraria y social del país enfrentándose por fin a la cuestión de la servidumbre. Después de todo, 46 de los 60 millones de súbditos del zar eran todavía siervos, mediocres trabajadores de una tierra que no poseían y soldados más bien indiferentes de un Estado al que no respetaban. En 1861, el Decreto de Emancipación prometió cambiar todo ello, liberando a los siervos a lo largo de los siguientes dos a cinco años, dependiendo de su estatus. Lo que realmente querían, no obstante, era su propia tierra, y aquí estaba el truco. Permitirles simplemente que tomasen las tierras que cultivaban arruinaría de un golpe a la mayor parte de la aristocracia terrateniente, de manera que los siervos fueron obligados a comprarlas, pagando «derechos de redención» los siguientes cuarenta y nueve años.

Fue un ejemplo claro de compromiso que no contenta a nadie. Los siervos habían soñado durante generaciones con el día en el que el «padrecito» de San Petersburgo les liberaría finalmente, pero su entusiasmo inicial se tornaría rápidamente en ira cuando se dieron cuenta de que tendrían que pagar —a precios que muchas veces no se podían permitir— por una tierra que sentían que era moralmente suya, ganada con su sudor y su sangre. Solo en 1861, el ejército tuvo que actuar una media de más de una vez al día para sofocar protestas y altercados. Y los terratenientes tampoco estaban muy felices. Muchos estaban en deuda con el Estado, con lo cual el dinero que obtendrían de sus tierras simplemente sería reenviado al Gobierno. Además, como los campesinos muchas veces no podían seguir con los pagos, incluso esta fuente de ingresos se agotó. Como si esto no fuera suficiente, una gran reorganización administrativa que acompañó a la Emancipación, la creación de nuevos consejos locales electos denominados *zemsvos* supuso una nueva carga para la aristocracia rural: ahora se esperaba de ellos que asumiesen las labores del Estado en las regiones, desde recaudar impuestos hasta administrar justicia.

Mientras tanto, estaba surgiendo una nueva clase social. Las ciudades estaban comenzando a expandirse, y con ellas apareció una clase mercantil. El funcionariado se extendió con la profesionalización de muchas funciones que antes habían sido ejercidas por terratenientes y dueños de siervos, y también se expandieron las universidades. Entre 1860 y 1900, el número de rusos formados profesionalmente creció de veinte mil a ochenta y cinco mil. Aún eran una fracción pequeña de la población, pero por primera vez esta capa intermedia, ni campesinos ni nobles, comenzó a formar una identidad distintiva y consciente de sí misma como la nueva *intelligentsia*. Influidos por ideas occidentales y por la cultura rusa, formarían la base de un creciente movimiento revolucionario. En cada aspecto de la vida, las nuevas ideas estaban haciendo tambalear las murallas del viejo orden. Los artistas empezaron a desafiar el formalismo de la Academia Imperial de las Artes de San Petersburgo, que durante un siglo había impuesto unos estándares embrutecedoramente conservadores a la escena cultural. Mujeres acomodadas y miembros del mundo literario de San Petersburgo comenzaron a presionar a favor de un mayor acceso femenino a la educación, ante las protestas de los tradicionalistas, que, como dijo un rector universitario, «conocen las limitaciones de las mujeres mejor que ellas mismas». Desde escribir cartas de protesta a arrojar bombas, aquellos que estaban insatisfechos con el orden existente se sintieron cada vez más libres para expresar sus preocupaciones y defender sus agendas políticas. Al parecer, Alejandro quedó realmente sorprendido por la respuesta a sus reformas. Demostrando que era digno hijo de su padre, su respuesta instintiva fue recurrir a la represión. Se inició un círculo vicioso en el que la represión policial y la protesta violenta se alimentaban una a la otra. En lo que fue un triunfo del romanticismo urbano, los populistas, una versión rusa del socialismo que estaba entonces creciendo en Europa, veían en la comunidad campesina una especie de micro-Estado comunista utópico. Cuando «se dirigían al pueblo» con esta idea, los campesinos a los que idealizaban tendían a ignorarlos, echarlos o entregarlos a la policía. Por eso ellos, y otros grupos, recurrieron como alternativa al terrorismo, y con cada príncipe o general que mataban, más brutal y entusiasta se tornaba la represión llevada a cabo por la Gendarmería y la Tercera Sección, lo que, a su vez, arrojaba más reclutas en brazos de los revolucionarios.

Con el tiempo, no obstante, Alejandro parece que se dio cuenta de que el radicalismo de la *intelligentsia* y el descontento de los campesinos eran dos fenómenos distintos, y optó por reducir la represión. La mañana del 13 de marzo de 1881, decidió convocar una comisión para lanzar una nueva oleada de reformas aún más profundas, incluyendo una constitución. Y, eligiendo el momento justo a la perfección, el grupo terrorista Naródnaya Volya (La Voluntad del Pueblo), que había intentado sin éxito matarlo siete veces, consiguió finalmente asesinarlo esa misma tarde.

### La reacción

El hijo y heredero de Alejandro, Alejandro III (r. 1881-1894), era —en el mejor de los casos— un hombre de ideas limitadas y probablemente habría adoptado una línea más reaccionaria incluso aunque su padre no hubiese sido asesinado. Bajo la influencia de su fanático antiguo tutor, Konstantin Pobedonostsev, oprimió a las minorías —especialmente a los judíos— y promovió una expansión masiva de la represión. Se exigieron certificados policiales de «fiabilidad» para entrar en la universidad o para obtener empleos considerados «de responsabilidad», y los comandantes se convirtieron virtualmente en señores feudales locales. Su respuesta a los dilemas de la modernización fue establecer nuevos impuestos al campesinado para comprar a Occidente todo lo que Rusia necesitaba. Como dijo su ministro de Economía Iván Vishnegradski: «Murámonos de hambre, pero exportemos» (Vishnegradski era multimillonario, no había mucho peligro de que se muriese de hambre, pero en la hambruna de 1891-1892 sí que murieron de inanición en torno a medio millón de rusos). Cuando Alejandro murió, en 1894, su hijo le sucedería. Nicolás II (r. 1894-1917), el último de los Romanov, fue quizá el menos afortunado de la dinastía. El Imperio ruso necesitaba un zar con la voluntad de Pedro el Grande, la inteligencia de Catalina, la astucia de Dmitri Donskói, el reformismo de Alejandro II y un toque de la determinación de hierro de Nicolás I. Lo que obtuvo fue un hombre de un conservadurismo muy poco imaginativo, de convicciones vacilantes, sumiso ante aquellos de fuerte carácter, imperioso ante los bienintencionados. Él mismo sentía que no estaba preparado para ocupar ese puesto. «¿Qué será de mí y de Rusia?», le preguntó a su primo y cuñado, el gran duque Alejandro, en la víspera de su coronación. Exactamente, ¿qué será?

En él se conjugaban las dos peores cualidades que puede tener un líder a la vez, la estupidez y el sentido del deber. Quedó claro desde el principio que no tenía respuestas para los desafíos a los que se enfrentaba Rusia, desafíos que, irónicamente, estaban siendo magnificados por el exitoso desarrollo económico. Bajo el sucesor de Vishnegradski, Serguéi Witte, en la década de 1890 la economía creció en torno a un 5 por ciento al año. Sin embargo, los ingresos medios reales caían, porque seguía tratándose de una modernización de bajo coste. Las ciudades crecieron; en los peores suburbios, la policía no se atrevía a entrar, y la nueva fuerza de trabajo industrial que las poblaba se volvió muy susceptible a las ideas revolucionarias. La gente estaba hambrienta y enfadada, una situación combustible que solo necesitaba una chispa para arder.

La chispa vendría del Extremo Oriente. La expansión oriental de Rusia la había situado en línea de conflicto con un ascendente y agresivo Japón por el control de Manchuria y Corea. Creyendo que Japón no se enfrentaría a una potencia europea, y espoleado por su primo, el káiser Guillermo de Alemania, Nicolás no se esforzó mucho en conseguir un acuerdo, y se quedó de piedra cuando los japoneses lanzaron un ataque por sorpresa contra la flota rusa de Port Arthur en 1904. No obstante, todo parece indicar que pensó que, en palabras del ministro de Interior Viacheslav Pleve, «una buena guerrita victoriosa» ayudaría a reunificar el país. Pronto quedó claro que esta guerra no sería así. Japón, después de todo, se había modernizado rápidamente y estaba luchando cerca de casa. Avanzaba por tierra y por mar, y los rusos estaban tan desesperados por reforzar su flota del Pacífico que tuvieron que mandar hasta ahí a su flota del Báltico. El periplo no empezó de manera muy auspiciosa cuando confundieron a la flota arenquera de Hull con torpederos japoneses y abrieron fuego. Como si esto no fuese lo suficientemente patético, solo lograron hundir uno de los barcos pesqueros, y un crucero ruso fue dañado por el fuego propio. Se logró evitar por los pelos una guerra con Gran Bretaña, pero tras viajar 18.000 millas náuticas (33.000 kilómetros) en siete meses, la flota del Báltico fue destrozada en la batalla de Tsushima en 1905, lo que, esencialmente, puso fin a la guerra.

Quizá una victoria habría ayudado, pero una derrota cara y humillante sin duda debilitó aún más al régimen. El zar todavía tenía una cierta legitimidad como representante escogido por Dios y «padrecito» de su pueblo. No por mucho tiempo. En enero de 1905, más de 150.000 personas se manifestaron ante el Palacio de Invierno para entregar una petición leal al zar. Eran pacíficos, cantaban himnos y portaban iconos. El zar ni siquiera estaba ahí en ese momento, pero alguien entró en pánico, comenzó un tiroteo y la Guardia Imperial lanzó varias descargas sobre la multitud. Cuando se hubo despejado el humo de los disparos, cientos de manifestantes y viandantes yacían muertos. Y se podría decir que también lo que quedaba de la reputación del zar ante su pueblo. Esta era la chispa que se necesitaba para hacer arder el país, para desencadenar la revolución de 1905, que el líder bolchevique Lenin denominaría más adelante el «gran ensayo general» de las convulsiones de 1917 que finalmente barrerían el zarismo.

*Lecturas adicionales.* El magistral *Russia Against Napoleon*, de Dominic Lieven (Penguin, 2009), es un relato esencial y detallado, y un digno equivalente histórico de la épica (en todos los sentidos) *Guerra y paz*, de Lev Tolstói (hay muchas ediciones). W. Bruce Lincoln, que escribe bellamente, tiene la mejor biografía de *Nicholas I* (Northern Illinois University Press, 1989) y un evocativo retrato de Rusia a comienzos de siglo, *In War's Dark Shadow* (Oxford University Press, 1983). *The Last of the Tsars: Nicholas II and the Russian Revolution* (Macmillan, 2017), de Robert Service, es una juiciosa biografía de este hombre lleno de defectos. *Empire of the Czar* (Doubleday, 1989), del marqués de Custine, es un relato contemporáneo que todavía es muy legible en la actualidad.

## 07

# «La vida está mejorando, camaradas, la vida se está volviendo más luminosa»

¿Qué nos dice de un régimen revolucionario ardientemente secular el que, a pesar de ello, decida momificar a su líder —contra sus propios deseos— y tratar a Lenin después de muerto como un santo? ¿O que el dictador brutal que asesinó a la mayoría de sus camaradas y aliados se le uniese brevemente en el limbo, en lo que se convirtió en un lugar de peregrinación desde las regiones más remotas del país? ¿O que un Partido Comunista que predicaba el internacionalismo expandiese el Imperio ruso con el mismo celo que los zares? ¿O que los soviéticos, a pesar de todo su teórico compromiso con el igualitarismo marxista-leninista, terminasen creando una clase cuasi hereditaria de aristócratas con carnet del

El Mausoleo Lenin-Stalin, 1957
(© Manfred & Barbara Aulbach, CC-SA-3.0)

partido tan rapaces y egoístas como los boyardos? ¿O que los mismos dilemas —de modernización versus estabilidad, de pensar en sí mismos como europeos o como algo diferente— continuasen conformando el siglo xx en Rusia? Quizá tener una nueva bandera, esta vez roja (adoptada en 1922) y asesinar al último zar y a su familia (por un pelotón de fusilamiento en 1918) no sea suficiente para crear un país completamente nuevo.

## 1905

La revolución de 1905 no fue realmente una revolución en el sentido de un esfuerzo coordinado para derrocar al Gobierno. Más bien se trató de una oleada de huelgas, disturbios, protestas y levantamientos generados por una combinación de frustración e ira. No representaba una amenaza existencial al zarismo y al *statu quo*, pero, ciertamente, eso es lo que le pareció en esos momentos a una elite sitiada y aterrorizada. Después de una huelga general seguida quizá por dos millones de trabajadores, Nicolás II proclamó un manifiesto prometiendo a regañadientes una constitución, nuevas libertades de expresión y religión, y un Parlamento electivo. Aunque los revolucionarios rechazaron cualquier compromiso, las fuerzas más moderadas, especialmente el Partido Constitucional Democrático (los kadetes), lo aceptaron como un paso en la dirección correcta.

Para cuando se introdujo la nueva constitución —las Leyes Fundamentales— en 1906, estaba claro que el régimen había recuperado la confianza. El zar seguiría siendo un autócrata y la cámara baja del parlamento, la Duma, sería elegida por un cuerpo electoral sesgado a favor de las clases medias y altas, mientras que la mitad de los miembros de la cámara alta, el Consejo de Estado, serían elegidos por el zar. Los kadetes consiguieron la mayoría de los escaños y presionaron para conseguir un cambio constitucional más profundo, así que el Gobierno disolvió la Duma.

En la segunda Duma, en 1907, los partidos más radicales, incluyendo a los socialdemócratas, de base urbana, y los social-revolucionarios, de base rural (ambos marxistas), aumentaron su número de escaños. Así que el Gobierno también la disolvió, y restringió aún más el sufragio a las clases propietarias. La tercera Duma fue adecuadamente leal.

A medida que la marea del progreso se retiraba, no en menor medida gracias a una campaña brutal de represión selectiva, el zar esperaba regresar a la «normalidad». Sin embargo, su formidable nuevo primer ministro, Piotr Stolypin, tenía otras ideas. Stolypin no era un liberal —había usado la pena de muerte con tanta alegría para reimponer el orden que el nudo del verdugo pasó a ser conocido como «la corbata de Stolypin»—, sino un gestor astuto que era consciente de que el sistema necesitaba restaurar sus fundamentos sociales, aunque apelando a una nueva base. Los campesinos habían sido emancipados, pero todavía estaban empobrecidos por su apego a unas ineficientes propiedades rurales comunitarias. Su visión era la de una «apuesta por los más fuertes», romper las comunidades campesinas para que los campesinos más capaces e industriosos constituyesen una nueva clase de *kulaks*, pequeños terratenientes prósperos, los mismos que formaban el bastión del conservadurismo en Alemania.

«Dadme veinte años de paz y no reconoceréis a Rusia», prometió. Pero Rusia no tendría veinte años de paz. Los campesinos se resistieron a acabar con las comunidades, la nobleza sospechaba de cualquier cambio y Nicolás estaba cada vez más desencantado. Cuando Stolypin fue asesinado, en 1911, en un complot posiblemente conocido con antelación por el zar, toda oportunidad de una reforma significativa murió con él. El propio líder revolucionario Lenin emitió el epitafio más certero: «El fracaso de las políticas de Stolypin es el fracaso del zarismo en el último y más inconcebible camino para el zarismo».

Mientras, los revolucionarios se estaban preparando. Los socialdemócratas se habían dividido en 1906 entre los bolcheviques de Lenin —los llamados «mayoritarios», aunque en realidad eran la facción menor— y los mencheviques. Estos últimos pensaban que lo mejor para el triunfo de la revolución era construir lentamente una base masiva de apoyo. Por el contrario, Lenin pensaba que una organización pequeña y disciplinada de revolucionarios profesionales podía tomar el poder en el momento adecuado. Solo necesitaban una oportunidad, y la Gran Guerra estaba a punto de dársela.

### Guerra y revolución

Karl Marx escribió que las guerras «ponen a prueba a las naciones. Así como la exposición a la atmósfera reduce a las momias a polvo, la guerra es el juicio supremo para los sistemas sociales que han perdido su vitalidad». Al menos en esto tenía razón, y el inminente cataclismo que sería la Primera Guerra Mundial pondría fin, de una vez por todas, a la existencia de este régimen zombi. El equilibrio de poder en Europa se había desbaratado en 1914: los imperios austrohúngaro, ruso y otomano estaban en declive, una Alemania en ascenso estaba buscando su lugar bajo el sol y las rivalidades coloniales entre Gran Bretaña, Francia y otros actores se estaban agudizando. Era solo una cuestión de tiempo, y cuando el serbobosnio Gavrilo Princip asesinó al archiduque Francisco Fernando de Austria en una mañana soleada de domingo, las fichas del dominó comenzaron a caer. Mientras los austriacos se disponían a ajustar cuentas con los serbios, apoyados por los alemanes, una Rusia más bien reticente pensó que no tenía otra opción que apoyar a los ortodoxos serbios. Reacia a darle a la lenta pero enorme Rusia la posibilidad de movilizar sus fuerzas, Alemania pensó que no tenía otra opción que golpear primero. Desesperados por aprovechar la oportunidad de reducir el poder de su adversario, Francia y más tarde Gran Bretaña pensaron que no tenían otra opción que unirse a Rusia.

El comienzo del conflicto fue testigo del habitual espectáculo grotesco de las mismas masas que proporcionarían la carne de cañón recibiendo la guerra con júbilo patriótico. Pronto, no obstante, quedó claro que la que era realmente la primera guerra industrial moderna, planteaba un examen que Rusia no podría aprobar. En octubre de 1917, unos 15,5 millones de rusos habían sido movilizados, pero más de 1,8 millones habían muerto (junto con otros 1,5 millones de civiles), 3,5 millones habían sido heridos y unos 2 millones capturados. En los momentos álgidos de la guerra, Rusia estaba sufriendo 150.000 bajas al mes, a menudo porque los soldados eran mandados a la batalla sin botas e incluso sin rifles, contra ametralladoras y artillería de tiro rápido. Para alimentar esta insaciable picadora de carne, el Gobierno tenía que recurrir a reclutar a la fuerza a cualquiera que pillase. Mientras tanto, la economía estaba al borde del colapso. Entre 1914 y 1917, los precios se incrementaron un 400 por ciento, mientras los salarios se mantuvieron inalterados, por lo que la gente empezó a pasar hambre.

Nicolás, en una demostración más de esa mezcla de determinación, escrupulosidad y estupidez que le caracterizaba, decidió autonombrarse comandante en jefe desde el principio, esperando cosechar la recompensa política de una rápida victoria. En lugar de ello, se convirtió en la encarnación del fracaso y el sufrimiento. El hecho de que su amada esposa, Alejandra, fuera de origen alemán y que él se mostrara tan complaciente con el disoluto monje charlatán Grigori Rasputín (hasta el asesinato de este, en 1916) se convirtieron en la base de rumores morbosos y tóxicos de todo tipo cuando quedó claro que Rusia estaba perdiendo la guerra. En febrero de 1917, las cosas se precipitaron cuando la guarnición de la capital, Petrogrado —nombre con el que se había rebautizado a San Petersburgo, dado que este sonaba demasiado alemán—, se negó a reprimir los disturbios provocados por la escasez de alimentos, e incluso los regimientos de elite de la Guardia se amotinaron. En Petrogrado fueron proclamados no uno, sino dos nuevos Gobiernos. La Duma formó un Gobierno provisional, mayoritariamente integrado por kadetes, comprometido con la creación de un orden constitucional. Los obreros y soldados revolucionarios, a su vez, apoyaban al Sóviet de Petrogrado —el término *sóviet* significa simplemente «consejo»—, dominado por los mencheviques. Nicolás, mientras tanto, fue inducido a abdicar por sus propios generales y consejeros. Intentó entregar el poder a su hermano, el gran duque Mijaíl, pero este reconocía un cáliz envenenado cuando veía uno. De repente, ya no había zar, ningún representante del derecho divino.

A medida que las noticias se extendían, el viejo orden se derrumbaba. Mientras tanto, el Gobierno provisional y el Sóviet de Petrogrado estaban bloqueados en una competición por el poder. Este período es llamado a menudo de «poder dual», pero en la práctica fue un período en el que no hubo poder. Los kadetes tenían en sus manos todos los elementos constitutivos del Gobierno, pero el Sóviet podía revocar sus órdenes, y su compromiso más bien reticente a continuar con la guerra les hizo perder mucho apoyo. El Sóviet controlaba la calle, pero estaba demasiado dividido y demasiado limitado a la capital para hacer uso de ella. A todos los efectos, había un vacío de poder, y la política, como la naturaleza, odia el vacío. Alguien tenía que llenarlo, y el implacable y pragmático Lenin se dio cuenta de que aquel era su momento.

Esa primavera, los alemanes —viendo en él una forma potencial de crear problemas al otro lado de las líneas enemigas— le habían ofrecido salvoconducto para pasar a Rusia, y se había dedicado desde entonces a construir la base de poder de los bolcheviques. El 7 de noviembre de 1917 (25 de octubre, de acuerdo con el viejo calendario ruso), estos pasaron a la acción. Por mucho que más adelante se le confiriera el aura romántica de un levantamiento popular, con multitudes ondeando banderas rojas en las calles, realmente fue un golpe de Estado armado. Los guardias rojos bolcheviques tomaron el Palacio de Invierno, las principales guarniciones y arsenales, y el Gobierno provisional se desvaneció ante sus ojos. La mayor parte de las otras grandes ciudades cayeron igualmente en poder de los revolucionarios. Lenin ofreció al pueblo ruso «paz, pan y tierra», y aunque muchos no estaban seguros de que pudiera cumplirlo, al menos no estaban dispuestos a luchar para impedir que lo intentase. Tomar el poder fue fácil. Sostenerse en él sería lo difícil, y los compromisos que tuvieron que aceptar los bolcheviques para conseguirlo determinarían el futuro del régimen soviético.

## Lenin contra Lenin

En muchos aspectos, no había un Lenin, sino dos. Nacido Vladímir Ilich Uliánov en 1870, se metió en la política revolucionaria a los diecisiete años, después de que su hermano fuese ejecutado por participar en un complot para asesinar al zar. Implacable, infatigable y divisivo, había pasado la mayor parte de su vida huyendo, en Siberia o exiliado en el extranjero. Como el partido bolchevique que había forjado, Lenin era al mismo tiempo un ferviente creyente en una ideología cuyo sueño era un mundo sin opresión, miseria, explotación o necesidad, y también un pragmático despiadado que consideraba que todo medio, por muy sangriento que fuese, estaba justificado si servía a la causa.

Quien tomó el poder en 1917 fue Lenin el pragmático. No importaba que Rusia no pareciese estar preparada para el socialismo, al carecer de una clase obrera grande y políticamente madura. No importaba que, en su *El dieciocho Brumario de Luis Bonaparte*, Marx hubiese advertido de que intentar imponer el socialismo por la fuerza en un país aún no preparado para el mismo podría ser contraproducente, conduciendo a un régimen con instintos conservadores pero toda la energía de la revolución (Stalin le daría la razón). No importaba nada de eso: Lenin vio la oportunidad y retorció su ideología para justificar su aprovechamiento. Después de todo, la revolución mundial estaba con toda seguridad a la vuelta de la esquina, y entonces todo encajaría, ¿verdad?

No del todo. Los bolcheviques intentaron primero cumplir con su promesa de paz, firmando el desastroso Tratado de Brest-Litovsk, que entregó grandes territorios al oeste y al sur, incluyendo las ricas tierras de cultivo de Ucrania. Una consecuencia de ello fue que el ejército pudo retirarse del frente, y mientras muchas unidades simplemente se evaporaron a medida que los soldados desertaban, un grupo de generales descontentos (los llamados «blancos») empezaron a pensar en cómo derrocar aquel régimen usurpador. Mientras tanto, en las elecciones a una nueva Asamblea constituyente, fueron los social-revolucionarios, y no los bolcheviques, los que consiguieron la mayoría. Lenin no había tomado el poder para entregárselo a sus rivales rurales, de manera que en enero de 1918 los guardias rojos disolvieron la Asamblea, y el Congreso de los Sóviets, dominado por los bolcheviques, se convirtió en la nueva sede del Gobierno.

Pero, volviendo a lo realmente importante, ¿dónde estaba el pan prometido? Las ciudades se estaban muriendo de hambre y no había dinero para comprar grano. Enfrentado a una amenaza militar por parte de los blancos (ayudados por contingentes británicos, estadounidenses, franceses e incluso japoneses), a levantamientos nacionalistas desde varios territorios no rusos, a sus rivales social-revolucionarios y al inminente colapso del Estado y de la economía, Lenin el pragmático adoptó una política denominada «comunismo de guerra», aunque se podría decir que iba más de guerra que de comunismo. Las estructuras democráticas de los sóviets comenzaron a ser ignoradas a base de órdenes ejecutivas. El trigo fue requisado por los guardias rojos a punta de bayoneta, y cuando los campesinos se resistían, se les mataba. Se fundó una nueva policía secreta, la Cheka, que se convirtió cada vez más en un elemento central del régimen bolchevique.

Entre 1918 y 1922, el país se vio desgarrado por una brutal guerra civil, de la cual los bolcheviques saldrían victoriosos, y regiones como Ucrania y el Cáucaso serían reconquistadas, pero a un coste terrible. Hasta doce millones de personas murieron, muchas por las hambrunas y las enfermedades. Todo rastro del Lenin idealista había sido eliminado del Partido Comunista (como empezó a llamarse el partido bolchevique a partir de 1918), que ganó por ser más implacable, disciplinado y unido que sus numerosos enemigos. A todos los efectos, el partido tuvo que convertirse en la nueva burocracia estatal y se expandió enormemente, en gran medida reclutando oportunistas, remanentes del antiguo régimen y obreros políticamente analfabetos. Toda la cultura del partido pasó a ser una cultura de guerra paranoica y salvaje. Tras la guerra civil, el Estado fue denominado formalmente Unión de Repúblicas Socialistas Soviéticas (URSS), pero la lucha continuaría. Para reconstruir la economía, en 1921 Lenin instituyó la Nueva Política Económica, que liberalizó parte de la actividad económica. Tuvo bastante éxito, a pesar de las crisis intermitentes, y mientras tanto la Rusia soviética presenció una explosión de experimentación cultural, social y artística, y de entusiasmo radical. Era la época de los escritores futuristas, como Vladímir Maiakovski, de los artistas de vanguardia, como Kazimir Malevich, y de medidas sociales como el «Código Matrimonial, de Familia y Tutela», que reconocía explícitamente a las mujeres como iguales (cada miembro de la pareja podía tomar el apellido del otro) y facilitaba el divorcio y lo liberaba de toda culpa. Todavía era posible creer que, a pesar de todo, podía construirse algo realmente nuevo y excitante.

Sin embargo, en 1922, Lenin sufrió el primero de una serie de ataques que le dejaron en la práctica fuera de la escena política. Murió en 1924, pero no antes de mostrar una seria preocupación por el estado policial burocrático que había creado. En concreto, Lenin el idealista estaba preocupado por el ascenso de Iósif Dzhugashvili, conocido como Stalin. En su testamento dirigido a los líderes bolcheviques, hacía una clara recomendación: «Sugiero que los camaradas piensen en una forma de echar a Stalin». No le escucharon, ansiosos como estaban de evitar una escisión del partido, y quizá incrédulos de que Stalin, que era visto por todos como un funcionario aburrido —era secretario general del partido, el cargo que posteriormente equivaldría a líder del Estado, pero que entonces era solo de administrador en jefe—, pudiera suponer una amenaza tal. Se equivocaban.

Stalin pronto demostraría su habilidad política, acumulando elogios a Lenin (en cuyo honor se rebautizó Petrogrado) para enmascarar el entierro del testamento, y superando tácticamente a sus rivales a derecha e izquierda. Comparado con la mayoría de ellos, que eran educados y cosmopolitas, Stalin representaba la ascendente «generación de la guerra civil» de oficiales del partido, pragmáticos, egoístas y a menudo nacionalistas hasta el racismo. Hacia finales de la década de 1920, era el poder dominante, y estaba claro que Stalin planeaba transformar el país de manera radical, al coste que fuese.

## Terror

Después de todo, el viejo dilema ruso era cómo modernizar y mantener al mismo tiempo el poder estatal. Normalmente, esto se había intentado desde arriba, ya fuese Pedro el Grande reclutando ingenieros navales extranjeros, Catalina la Grande flirteando con filósofos occidentales o Nicolás I recurriendo a aristócratas del Báltico. Aquellos que habían intentado una reestructuración más fundamental de las bases mismas del sistema, como Alejandro II con la emancipación o Stolypin con su «apuesta por el más fuerte», se habían encontrado en seguida con la resistencia de las elites. Stalin, sin embargo, había heredado un país con una elite nueva y aún verde, en un siglo en el que el teléfono y el ferrocarril, el alambre de espino y la ametralladora, crearían nuevas oportunidades para un dictador. Estaba también dispuesto a pensar a una escala con la que ninguno de sus predecesores tuvo la insensible frialdad de corazón de soñar.

En 1928 lanzó su programa «Socialismo en un solo país», con la intención de modernizar el país a marchas forzadas. El objetivo era industrializar aquel enorme Estado y, de paso, consolidar su régimen. A los problemas paralelos de cómo financiarlo —¿de dónde saldría el dinero para construir fábricas, importar tecnología occidental y todo lo demás?— y cómo imponerlo a un país recalcitrante, tenía una única respuesta: el terror. El campo fue colectivizado: la tierra fue nacionalizada y el campesinado convertido en empleado del Estado. Cuando los campesinos se resistieron, fueron reprimidos con increíble brutalidad. Ucrania fue puesta de rodillas por medio de una hambruna provocada en 1932-1933 que mató a más de tres millones, y en 1931, al menos un millón de campesinos fueron enviados a los campos de trabajo del Gulag y doce millones, deportados a Siberia.

Se suponía que la colectivización generaría economías de escala y la aplicación de nuevas tecnologías a la agricultura, pero más que nada lo que impuso fue un control estatal sin precedentes sobre el campo. Había sido el ministro zarista Vishnegradski el que había dicho «murámonos de hambre, pero exportemos», pero fue Stalin el que realmente aplicaría esa máxima, enviando trigo a occidente a cambio de dinero y tecnología, fuesen cuales fuesen los costes en casa. Todo ello permitiría también la industrialización, aunque de manera burda y brutal. El terror también ayudó a motivar a la fuerza de trabajo: los salarios reales se hundieron, pero el temor a ser denunciado como «saboteador» y la promesa de bonificaciones para aquellos que «superasen el plan» sirvieron para hacer que la gente trabajase. Además, la red de campos de trabajo del Gulag, que en 1939 albergaba a 1,6 millones de prisioneros, pudo haber empezado como un lugar en el que confinar a los políticamente indeseables, pero también se convirtió en una fuente de trabajo esclavo que se empleaba en proyectos que iban desde la excavación de canales a la tala de árboles.

Mientras tanto, Stalin dirigió el terror contra el propio Partido Comunista, en primer lugar montando simulacros judiciales contra sus rivales —acusándolos de cualquier cosa, desde ser espías a ser saboteadores— y después purgando sistemáticamente a todo aquel que pudiese suponer un peligro, por pequeño que fuera. Todo ello culminó en una orgía de tortura, detenciones en masa y pelotones de fusilamiento en 1937, en la que la elite del partido fue destrozada: tres cuartas partes de todos los representantes elegidos en el Congreso del Partido de 1934 no sobrevivieron hasta 1939. Incluso el alto mando militar fue diezmado. Solo en 1937, el 90 por ciento de todos los generales y tres de los cinco mariscales del Ejército Rojo fueron purgados. El arte, la cultura, la educación y la ideología fueron convertidos en vehículos para la glorificación del Estado y de Stalin; Maiakovski, por cierto, se suicidó en 1930, Malevich fue arrestado por la policía secreta ese mismo año, y la experimentación social radical de los primeros días del bolchevismo se redujo, con el objetivo de promover familias grandes y estables («Necesitamos luchadores, pues ellos construyen esta vida. Necesitamos gente») y poner a las mujeres en su sitio. ¿Cómo consiguió Stalin salirse con la suya? Entendía el poder a un nivel visceral, y mantuvo un control firme de la policía política, que en muchos aspectos era el auténtico corazón del Estado. La escala misma de su ambición y los consiguientes horrores que generó quedaban, igualmente, más allá de la comprensión de la mayoría, hasta que fue demasiado tarde. También ofrecía una forma de movilidad social despiadada y caníbal, y todos aquellos que estaban dispuestos a participar en el juego podían esperar ascender muy rápidamente. Para el resto, junto con la caza paranoica de espías y saboteadores creada por su propia histeria, Stalin mantenía un enorme aparato de propaganda que aprovechaba las mismas raíces culturales que había detrás del mito del «buen zar», que estaba del lado del pueblo pero mal informado por sus malvados consejeros. «La vida está mejorando, camaradas —les dijo a sus súbditos—, la vida se está volviendo más luminosa». Y muchos estaban desesperados por creerle. No obstante, lo que había a la vuelta de la esquina no era un mundo feliz socialista, sino el apocalipsis de la Segunda Guerra Mundial.

## La Gran Guerra Patriótica

En 1931, Stalin había dicho: «Estamos cincuenta o cien años por detrás de los países avanzados. Debemos salvar esa distancia en diez años. O lo hacemos, o nos aplastan». Diez años más tarde, la Unión Soviética estaba luchando por su supervivencia.

La URSS había sido considerada una nación paria en el período de entreguerras. A medida que el fascismo crecía en Europa, Stalin pensó primero en utilizarlo para encontrar una causa común con Gran Bretaña y Francia, y después, oportunistamente, llegó a acuerdos con la Alemania de Hitler que llevaron al reparto de Polonia en 1939. No es que no pensase que la guerra con los nazis era inevitable: sabía perfectamente bien que Hitler veía a la

Unión Soviética como *Lebensraum*, un «espacio vital» prospectivo para una nueva generación de colonos-amos arios, que usarían trabajo eslavo esclavo para cultivar la tierra y extraer los recursos que necesitasen. Más bien lo que quería Stalin era posponer la guerra contra Alemania para tener el mayor tiempo posible para prepararse.

Cuando, en junio de 1941, Hitler lanzó la Operación Barbarroja, la invasión de la Unión Soviética, la sorpresa estratégica fue devastadora. Todos los espías, diplomáticos y generales de Stalin le habían advertido de lo que se avecinaba, pero él estaba convencido de que le había tomado la medida a Hitler y que la guerra no sería hasta el año siguiente. Por ello, el Ejército Rojo estaba completamente desprevenido, y, a mediados de julio, los alemanes ya habían cubierto las dos terceras partes de la distancia a Moscú, la mayor parte de la fuerza aérea soviética había sido destruida y el cadáver embalsamado de Lenin había sido trasladado en secreto a Tiumén, 2.500 kilómetros (1.500 millas) al este. El propio Stalin estuvo al borde de un colapso nervioso, y, durante las dos primeras semanas de guerra, apenas llegaron directrices desde Moscú.

Pero Stalin se recuperó y centró todos sus esfuerzos en sobrevivir. Lo que siguió fueron cuatro años de un prodigioso esfuerzo nacional, en los que la invasión fue gradualmente ralentizada, luego detenida y, finalmente, dada la vuelta en una contraofensiva que finalmente llevaría al Ejército Rojo a Berlín y al dominio soviético en Europa central. La tosca y brutal industrialización de Stalin había construido una economía de guerra, y las fábricas relocalizadas lejos del frente pronto estarían produciendo como churros cañones, aviones y tanques. Stalin fue, además, pragmático: generales que habían sido enviados al Gulag por traidores fueron rápidamente llamados a filas, e iglesias que habían sido cerradas por el agresivamente secular régimen soviético fueron reabiertas para alistar a la ortodoxia a la lucha. Los soviéticos demostrarían una vez más una voluntad de hierro en la defensa de la patria (aunque, para ser honestos, hay que mencionar que a menudo detrás de ello estaba el temor a un Estado despiadado). Valga como ejemplo que en el sitio de Leningrado hubo más muertos que las bajas totales británicas y estadounidenses en toda la guerra.

No es de extrañar que los rusos aún la llamen la Gran Guerra Patriótica. Es imposible subestimar su importancia. Murieron más de veinte millones de personas, y todo el mundo sufrió. Pero, al final, la nación paria se había convertido en una superpotencia, y Stalin se sentaría junto al primer ministro británico Winston Churchill y el presidente de Estados Unidos Franklin D. Roosevelt en la Conferencia de Yalta de 1945 para repartirse el mundo de la posguerra. Letonia, Lituania y Estonia se incorporarían directamente a la URSS, y Alemania Oriental, Polonia, Checoslovaquia, Hungría, Bulgaria y Rumanía se convertirían en sus vasallos. El resultado de la guerra pareció confirmar la terrible necesidad de la industrialización de Stalin, y el partido pudo utilizar la experiencia compartida de la guerra como base de su legitimidad.

Stalin gobernó hasta su muerte, en 1953, dirigiendo la consolidación implacable de sus regímenes títere en Europa central y la reconstrucción del país. No obstante, tras el triunfo de 1945, las limitaciones del estalinismo quedaron aún más expuestas. Su modelo económico era cada vez más inadecuado para las nuevas tecnologías de la era de posguerra, y el valor de los campos del Gulag era cada vez menor, en parte porque las revueltas de los presos eran cada vez más frecuentes. La elite, inquieta y ambiciosa, tenía también su propia agenda. Hay muchas señales de que Stalin había decidido llevar a cabo una nueva purga para ponerlos en su sitio cuando sufrió una hemorragia cerebral. Podría haber sobrevivido si hubiese recibido tratamiento médico inmediato, pero era tan paranoico que sus guardias tenían prohibido verificar cómo estaba, por lo que, cuando le descubrieron, ya era demasiado tarde: que no se diga que el destino no tiene sentido de la ironía.

## El largo adiós

Los sucesores de Stalin lidiarían, cada uno a su manera, con el familiar desafío de la modernización. En las décadas de 1950 y 1960, la Unión Soviética parecía una potencia ascendente, hasta el punto de que, cuando el sucesor de Stalin, Nikita Jrushchov, le dijo a Occidente «os enterraremos» —no tan amenazante como suena, se refería más bien a que los soviéticos estaban en alza—, muchos en Occidente temieron que realmente el futuro les perteneciese. *A posteriori*, sin embargo, podemos decir que la historia real fue más bien la de un fracaso de la imaginación y de la voluntad.

Jrushchov es conocido por haber abierto el Gulag, por revertir algunos de los peores excesos del estalinismo y por su «Discurso secreto» de 1956, denunciando las «características negativas» del viejo líder. En parte, todo esto era sincero, pero Jrushchov había sido uno de los principales colaboradores de Stalin, y estaba intentando distanciarse —también al partido— del Terror. Aunque el cadáver de Stalin fue debidamente embalsamado y trasladado al mausoleo de Lenin, fue sacado de ahí en 1961. Lo cierto es que Jrushchov no tuvo escrúpulos en aplastar brutalmente un levantamiento antisoviético en Hungría en 1956, por ejemplo. Pero más importante era que la elite del partido empezaba a verle como alguien peligroso: su política de provocación a Occidente casi llevó a una guerra nuclear durante la crisis de los misiles cubanos de 1962, y su gestión de la economía fue tan chapucera que se produjo una escasez generalizada de comida.

Jrushchov había sido un producto del sistema estalinista e intentó gobernar como un autócrata, no dándose cuenta de que el poder había pasado a manos de una elite del partido más amplia: los boyardos del nuevo régimen. En 1964, fue derrocado en un golpe político, y su sucesor, Leonid Brezhnev, se adaptó a la nueva realidad política. No era el *vozhd* —«jefe»—, sino más bien el presidente del consejo de administración de la URSS S. A. Su papel era forjar consensos entre los principales grupos de interés e introducir una gestión tecnocrática más eficiente del sistema. Lo cierto es que la primera etapa de su largo mandato como secretario general —1964-1982— fue sorprendentemente exitosa, ofreciendo algo a todo el mundo. La elite obtuvo estabilidad y prosperidad, en buena medida a través de la corrupción y la malversación. Los ciudadanos soviéticos de a pie obtuvieron una mejora en su calidad de vida; su aquiescencia política sería comprada con una disciplina más laxa y nuevos bienes de consumo: entre 1964 y 1975, el salario medio se incrementó casi en dos tercios. El enfrentamiento con Occidente se atenuó, y se inició una nueva era de disensión y coexistencia.

Todo eso estaba muy bien, pero lo cierto es que las mismas fortalezas del orden creado por Brezhnev serían el origen de su caída, en buena medida porque todas ellas dependían de la disponibilidad de amplios recursos para comprar a todo el mundo. A mediados de la década de 1970, problemas que habían sido previamente enterrados bajo avalanchas de rublos estaban empezando a emerger. Proyectos económicos masivos, como la roturación de nuevas áreas de cultivo, habían ofrecido resultados por debajo de las expectativas. Estaba empezando una nueva revolución industrial global basada en los ordenadores, y la URSS se estaba quedando atrás. La corrupción y el mercado negro estaban devorando a la economía oficial. Comenzó una carrera armamentística con Occidente enormemente cara. Se fraguaba lentamente una crisis que requería una acción urgente y decisiva, pero esto era precisamente lo que el envejecido y cauteloso Brezhnev no podía proporcionar. Carecía del temperamento, la autoridad política o las ideas necesarias. De manera que, en lugar de ello, simplemente se dedicó a sobrevivir como una metáfora del Estado soviético, cada vez menos capaz, menos saludable, más senil.

Para cuando murió, en 1982, era imposible ignorar la crisis. La Unión Soviética estaba inmersa en un cruel conflicto en Afganistán en el que jóvenes soviéticos volvían a casa en ataúdes de zinc mientras los medios oficiales aún afirmaban que no había ninguna guerra. Polonia se vio convulsionada por protestas nacionalistas, y había señales de malestar en los otros Estados satélites. La economía estaba estancada, el suministro de alimentos estaba cada vez más racionado y la población se mostraba más apática y deprimida que rebelde: «Hacen como si nos pagasen —rezaba un dicho popular— y nosotros hacemos como si trabajásemos». La industrialización de choque de Stalin y la gestión tecnocrática de los últimos años habían transformado la Rusia campesina en una nación soviética de ciudades y ferrocarriles, ingenieros y médicos, lectores y escritores: en 1917, solo el 17 por ciento de la población vivía en ciudades, pero este porcentaje se había elevado al 67 por ciento en 1989, y la tasa de alfabetización había pasado de alrededor del 30 por ciento hasta prácticamente el 100 por cien. Pero ¿de qué servía todo ese progreso cuando tus periódicos estaban

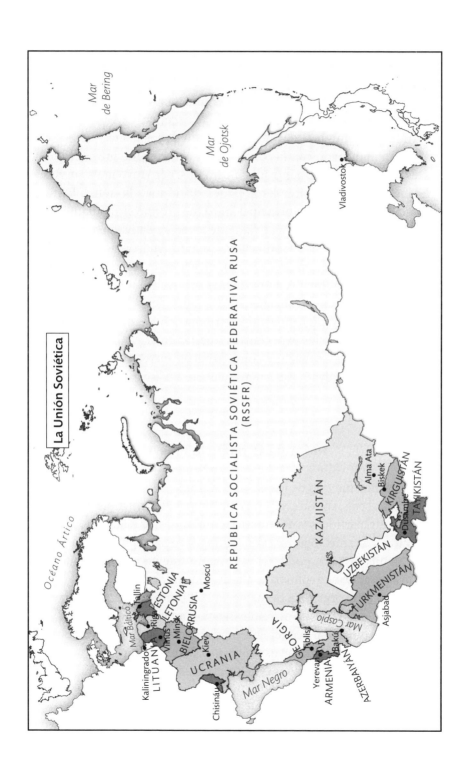

La Unión Soviética

repletos de mentiras, tus líderes hablaban de igualitarismo mientras vivían una vida de privilegios con los que apenas podías soñar y tenías que hacer cola para obtener una rebanada de pan? El nuevo secretario general era el ascético y cáustico Yuri Andropov, antiguo líder del KGB y uno de los pocos que no se habían manchado con la corrupción y el arribismo prevalecientes. Estaba decidido a introducir cambios, pero tuvo mala suerte: a los tres meses de acceder al poder sufrió un fallo renal. Duró solo otro año, pero su principal logro fue promover rápidamente a un cargo del partido relativamente joven y relativamente reformista llamado Mijaíl Gorbachov. Cuando Andropov murió, en 1984, Gorbachov aún no estaba en posición de acceder al poder, por lo que, hábilmente, apoyó al más gris de los funcionarios del partido, Konstantin Chernenko. Después de todo, Chernenko estaba también muy enfermo y se podía contar con que moriría pronto. Cumplió las expectativas puestas en él y murió en 1985, permitiendo a Gorbachov convertirse en secretario general. Su ambición era salvar el sistema soviético. En lugar de ello, acabaría con él.

## Reformado hasta la muerte

Gorbachov fue uno de los últimos verdaderos creyentes. Cuando miraba al país, con su economía moribunda, sus corruptos funcionarios del partido, sus obreros desmoralizados, su estatus global en declive y una ideología marxista-leninista en harapos, pensaba que, de alguna manera, podía ser reformado, que podía ser salvado, y ello a pesar de que contaba con muy pocos recursos y una mayoría mínima en el órgano gobernante, el Politburó, o gabinete del partido. Era una señal de increíble ingenuidad el que se convenciese de ello, y una señal de increíble madurez que pudiese evolucionar a medida que sus sucesivos programas iban fracasando.

Comenzó pensando que el problema era esencialmente de algunas manzanas podridas dentro de la *nomenklatura*, la elite del partido, y de ineficiencia e indisciplina laboral. Pronto quedó claro que se trataba de problemas mucho más sistémicos y, para 1986, ya estaba hablando de la necesidad de *perestroika* (reestructuración) a un nivel más fundamental. Esto significaba modernización económica, pero también reforma política. Un elemento central para esta última era la *glásnost*, traducida normalmente como «apertura», pero que realmente tenía más que ver con hablar claro. Promovió una evaluación honesta y realista de los problemas del país, en parte para convencer a cada individuo de lo necesario que era, después de décadas en las que la gente había sido alimentada con una propaganda conformista. Después del desastre nuclear de Chernóbil, en 1986, cuando una planta nuclear en Ucrania colapsó e incluso Gorbachov volvió a recurrir a los viejos instintos soviéticos y al principio intentó encubrirlo, se dio cuenta de que la transformación tenía que venir desde abajo tanto como desde arriba.

No obstante, Gorbachov cada vez encontraba más resistencias y cada vez tenía más la sensación de estar perdiendo el control. Los jefes del partido rechazaban todo intento de reforma. Las minorías nacionales comenzaron a usar las nuevas libertades para agitar en favor de más libertad. La *glásnost* adquirió vida propia y empezaron a salir a la luz todos los esqueletos guardados en el armario del partido, desde la corrupción de la *nomenklatura* hasta los crímenes de Stalin. No obstante, en lugar de dar marcha atrás, se volvió más radical y, en 1989, creó una nueva base constitucional para el país, con un presidente elegido. ¿Por qué el secretario general del Partido Comunista necesitaba también ser presidente? Porque Gorbachov se había dado cuenta de que el partido era en realidad el mayor obstáculo para la reforma y necesitaba una base de poder independiente para intentar obligarle a cambiar.

Sin embargo, no funcionó. Los de la línea dura simplemente se atrincheraron aún más, y, a medida que la economía empeoraba, empezaron a emerger nuevas fuerzas políticas, aprovechándose de la democratización por él promovida. Los nacionalistas de Ucrania y los Estados bálticos comenzaron a movilizarse a favor de la independencia, otros en Armenia y Azerbaiyán comenzaron a reabrir viejas disputas territoriales. Más peligroso aún fue que un antiguo jefe local del partido a quien Gorbachov había primero promovido y después despedido, Boris Yeltsin, estuviera en ascenso y acabara siendo elegido presidente de la parte rusa de la Unión Soviética. El invierno de 1990-1991 fue duro, con huelgas mineras masivas, y Gorbachov empezó a tambalearse y a contemplar una alianza con los dirigentes de la línea dura para restaurar el orden. No obstante, no cayó en la tentación y, de nuevo, se radicalizó aún más. Comenzó a negociar con los presidentes electos de las distintas repúblicas constituyentes de la URSS para que entre todos acordasen un nuevo Tratado de la Unión que reestructuraría el Estado por completo: de ser un imperio moscovita a ser —en la práctica, si no en el nombre— una genuina federación de miembros voluntarios.

Esto era demasiado para los más conservadores, así que en agosto de 1991 llevaron a cabo un golpe de Estado, confinaron a Gorbachov en su mansión de Crimea y declararon que el poder estaba ahora en manos de un «Comité de Emergencia». Habían anticipado que una acobardada y dócil población soviética simplemente aceptaría sus decretos. Se equivocaban. La gente empezó a salir a la calle a protestar, en Moscú y a lo largo de todo el país. Si el «Comité de Emergencia» hubiese sido tan despiadado como tantos usurpadores rusos del pasado, aún podrían haber ganado, pero en ese momento fatídico no estuvieron dispuestos a usar la fuerza. Envalentonados, los cientos de manifestantes se convirtieron en miles, y Yeltsin —a quien los conspiradores ni siquiera habían pensado arrestar— surgió como su campeón.

Después de solo tres días, el golpe colapsó y Gorbachov estaba de vuelta en Moscú, pero el poder había cambiado de manos. Yeltsin había aceptado la idea de un nuevo Tratado de la Unión a regañadientes, en gran medida para evitar que, de lo contrario, los defensores de la línea dura tomasen el poder. Pero ahora lo habían intentado y habían fracasado, y Yeltsin podía dar rienda suelta a su resentimiento contra Gorbachov. Prohibió el Partido Comunista y se negó a firmar el Tratado de la Unión. Los Estados bálticos declararon su independencia; los ucranianos demandaron la suya. Reconociendo la realidad de la situación, en su acto final como presidente de la Unión Soviética, Gorbachov decretó que sería disuelta a media noche del 31 de enero de 1991.

## El fin de la idea soviética

El antiguo régimen fue quebrado por la Primera Guerra Mundial, pero, dado que había agotado su capacidad de evolucionar, uno se pregunta si no estaba ya muerto y aún no lo sabía. Los revolucionarios que tomaron el poder en 1917 bajo la dirección de Lenin tenían determinación e idealismo, pero no un programa real para el futuro de Rusia. La lucha desesperada de la guerra civil de 1918-1922 les hizo ganar el país pero perder su alma, y el idealismo dio lugar a un oportunismo que garantizaría el acceso al poder de Stalin. Su «socialismo en un solo país» era expresión no solo de su propia hambre de poder, sino de su aguda conciencia de las vulnerabilidades de la Unión Soviética. Movilizó un nuevo mito, el de la construcción del socialismo, en nombre de una brutal campaña de modernización. La victoria en la Gran Guerra Patriótica representó la apoteosis del antiguo mesianismo ruso, la idea de que había algo especial y único en ese país, y de que tenía un gran destino. En 1812, y después durante las revoluciones de mediados del siglo XIX, los rusos habían afirmado ser los defensores de Europa, no sus primos pobres, y ahora tenían pruebas de ello. La ironía es que el salvador de Europa se convirtió en el ocupante de la mitad del continente y en una amenaza para el resto, y el telón de acero no solo aisló a Rusia de Europa, sino que la convirtió, más que nunca, en el «otro».

Al final de la época soviética, a medida que la afirmación de que la historia estaba del lado del Partido Comunista se hizo más y más increíble, a medida que la corrupción devoraba el Estado desde dentro y la economía se ralentizaba más y más, el Kremlin se vio obligado a apoyarse cada vez más en la propaganda y las mentiras. Pero ni el partido ni las masas compraron realmente las fantasías envueltas en banderas rojas que les vendían. En lugar de ello, todo el mundo buscaba su propio pedazo de Europa, desde los ciudadanos corrientes que escuchaban la BBC en habitaciones oscuras e intercambiaban grabaciones de los Beatles obtenidas en el mercado negro, hasta la elite que compraba *whisky* escocés y vaqueros de importación en tiendas especiales del partido. La idea soviética terminó siendo una especie de zarismo con esteroides, pero el pueblo soviético tenía unos sueños muy diferentes. Una vez que la URSS había terminado, ¿podrían finalmente cumplirlos?

*Lecturas adicionales.* Una buena historia general de la era soviética es *The Penguin History of Modern Russia: From Tsarism to the Twenty-first Century* (Penguin, 2015), de Robert Service. Las mejores biografías de los principales líderes son *Lenin* (Siglo XXI, 2017), de Robert Service, sobre Stalin *La corte del zar rojo* (Crítica, 2010), de Simon Sebag Montefiore, y *Gorbachov. Vida y época* (Debate, 2018), de William Taubman. *Un día en la vida de Iván Denísovich* (Tusquets, 2008), de Alexandr Solzhenitsyn, sigue siendo la introducción más aguda y sintética a la vida en el Gulag.

## 08

# «Rusia ha vuelto
# a levantarse»

| Cronología | |
|---|---|
| **1991** | Fin de la Unión Soviética |
| **1993** | Yeltsin disuelve el Parlamento a la fuerza |
| **1994-1996** | Primera guerra de Chechenia |
| **1998** | Crisis financiera |
| **1999-2009** | Segunda guerra de Chechenia |
| **2000** | Putin accede a la presidencia |
| **2003** | Arresto de Mijaíl Jodorkovski |
| **2008-2012** | Interregno de Medvédev |
| **2014** | Anexión de Crimea e intervención en el Donbás; empeoramiento de las relaciones con Occidente |
| **2024** | ¿Fin del cuarto mandato presidencial de Putin? |

E l Parque de la Victoria, en los suburbios occidentales de Moscú, ejemplifica cómo la Rusia moderna está intentando confeccionar una identidad a partir de los retazos de su historia que decide recordar y retener. El Monumento a los «Defensores del Suelo Ruso», por ejemplo, une a un guerrero medieval del tipo que luchó con Dmitri Donskói contra los mongoles-tártaros en Kulikovo, con uno de los soldados de infantería que expulsó a la *Grande Armée* de Napoleón en 1812 y con un soldado soviético de la Gran Guerra Patriótica. Tres momentos de gloria nacional unidos. ¿Y por qué no? ¿Qué país no destaca sus triunfos más que sus miserias? La razón por la cual vale la pena detenerse un poco en estos tres valientes defensores de la patria es la ideología que está detrás, que ha llegado a definir a Rusia en su época postsoviética, una mezcla

Monumento a los «Defensores del Suelo Ruso»,
Moscú, 1995 (© Mark Galeotti)

de quisquillosa actitud defensiva y un mito nacionalista inclusivo sobre una misión histórica única.

Los soviéticos nunca consiguieron cuadrar el círculo de cómo «superar a Occidente con sus mismas armas» sin abandonar los mitos ideológicos que se habían convertido en el centro del poder del partido. Una y otra vez, esto supuso un freno al progreso, ya se encarnara en el desprecio hacia la investigación genética porque el charlatán Trofim Lisenko se las arregló para convencer a Stalin de que era una «pseudociencia burguesa», en las paranoias de la KGB sobre la libre circulación de la información, lo que supuso que, durante años, las fotocopias fueran consideradas un riesgo para la seguridad, o en la forma en que la insistencia dogmática en la planificación central ahogó la iniciativa y la innovación. Cuando Gorbachov comenzó a cuestionar las formas establecidas, acabó echando abajo todo el sistema. En el proceso, las historias recientes y distantes, cuidadosamente editadas —lo que a menudo significaba esencialmente falsificadas—, quedaron repentinamente abiertas al cuestionamiento. Los horripilantes detalles del Terror estalinista ponían en cuestión la narrativa heroica de la industrialización soviética, e incluso el triunfo en la Segunda Guerra Mundial se vio mermado por los relatos sobre los errores militares y sobre el desprecio de las vidas de los soldados. En todo caso, el péndulo osciló en la otra dirección, y una corriente de verdades recobradas, opiniones cuestionables y descaradas teorías de la conspiración barrieron toda certidumbre. ¿Era Lenin en realidad un agente alemán? ¿Era Stalin un pedófilo? ¿Se estrelló un ovni en el Extremo Oriente ruso en 1986? ¿Gorbachov derribó la URSS como parte de una conspiración sionista-masónica?

En la década de 1990, los mercados y los memes occidentales tomaron por asalto una Rusia que estaba buscando nuevas certidumbres. Todo el mundo compró la idea de que Rusia era finalmente parte de Europa, a donde pertenecía. Esa asunción no tardó en ser cuestionada; unos rusos que estaban deseosos de abrazar el estilo de vida occidental (cuando se lo podían permitir) empezaron, sin embargo, a pensar que ellos y su nación estaban siendo humillados y mantenidos a una cierta distancia por una Europa más que dispuesta a acoger a bálticos y búlgaros, eslovacos y eslovenos, pero no a los rusos. De ello surgió la reacción posimperial, que en última instancia llevó a Putin al Kremlin y, a su debido tiempo, a los «hombrecillos verdes» rusos a Crimea y el sudeste de Ucrania. También llevó a un nuevo esfuerzo por construir una identidad para el país, por encontrar algo de significado en este viaje sangriento y errabundo y, a partir de ahí, una idea de qué dirección debería seguir.

## Los salvajes noventa

En la medianoche del 31 de diciembre de 1991, la Unión Soviética fue reemplazada por quince nuevas naciones, la mayor y más populosa de las cuales era la Federación Rusa. ¿Pero qué era la nueva Rusia? Los otros Estados tenían la ventaja de poder definirse en términos de lo que no eran: ya no eran súbditos de Moscú. La Federación Rusa abarcaba 11 zonas horarias; su población, de unos 149 millones, era en un 80 por ciento étnicamente rusa, pero incluía minorías, desde armenios a ucranianos, tártaros y finlandeses de Carelia. ¿Podía reclamar el legado del Estado soviético? ¿Era la sucesora del imperio zarista? ¿Era un palimpsesto, repleto de textos medio borrados de épocas pasadas, o una página en blanco? El momento exigía un visionario, un líder con la pasión, la determinación y la energía para crear una nueva Rusia y unir a los rusos en torno a ese sueño. Lo que los rusos obtuvieron fue a Boris Yeltsin.

Es fácil ser displicente hacia Yeltsin, especialmente teniendo en cuenta que con el paso de los años parecía haber sucumbido cada vez más a la bebida, los sedantes, los problemas de salud y la autoindulgencia, mientras presidía una transición brusca al mercado libre que en gran medida intercambió monopolios estatales por monopolios privados. En lo que se convirtió en un saqueo generalizado del país, industrias enteras fueron privatizadas para ir a parar a manos de los granujas y los compinches de los gobernantes. Este era el Yeltsin que se puso a tamborilear con unas cucharas sobre la calva del presidente del Estado exsoviético de Kirguistán en 1992, que se quedó dormido en medio de una visita de Estado a Dublín en 1994, y al que el servicio secreto de Estados Unidos encontró borracho, en ropa interior, buscando una *pizza* por la avenida Pensilvania en 1995. No obstante, también era el Yeltsin que fue el rostro de la resistencia al golpe de Estado de los partidarios de la línea dura en 1991, que había bloqueado los esfuerzos de Gorbachov por reconstruir la URSS y que, cuando se enfrentó en 1993 a un Parlamento recalcitrante heredado de la época soviética, lo bombardeó hasta hacer que se rindiera. Eso era inconstitucional, por lo que simplemente cambió retroactivamente la Constitución para hacerlo legal. En 1996, cuando parecía que el resurgente Partido Comunista podría ganar la presidencia, recurrió a los oligarcas, los nuevos magnates megarricos que se habían beneficiado enormemente de sus políticas económicas del «todo gratis», para que le apoyasen (o, como dirían algunos, le amañasen las elecciones).

Para la mayor parte de los rusos, fue una década de desesperación, incertidumbre y privaciones. Mientras un puñado de rusos se estaban volviendo inmensamente ricos, la mayoría se enfrentaba a una crisis económica peor que la Gran Depresión de la década de 1930 en Estados Unidos. Más de la mitad vivían por debajo del umbral de pobreza, un sistema de salud hundido llevó a que la mortalidad se disparase y el crimen organizado operaba sin control. Recuerdo las impresionantes colas de pensionistas a las puertas de las estaciones de metro, vendiendo todo lo que podían para reunir unos pocos rublos: una vieja medalla, un solo zapato, un tubo de pasta de dientes a medio usar.

Cuando Yeltsin tenía un enemigo, podía ser muy resolutivo, implacable, enérgico; pero cuando el rompe-Estados tuvo la oportunidad de ser un hacedor de Estados, se vio claramente que no tenía un plan. Era evidente que la anarquía no podía continuar. Internacionalmente, se miraba al país con condescendencia o simplemente se le ignoraba, lo cual no resulta sorprendente dada su extrema debilidad. Moscú no fue ni siquiera capaz de derrotar una rebelión en su región sureña de Chechenia; apenas pudo alcanzar una especie de empate inestable. A finales de la década, había mucha gente en el Kremlin y en sus aledaños que estaba buscando un sucesor de Yeltsin. Tenía que ser alguien leal y eficiente (e, idealmente, saludable y abstemio), alguien con la determinación de restablecer el poder del Estado y que pudiese articular algún tipo de visión de Rusia. Y lo encontraron.

### Llega el nuevo zar

Se decidieron por una persona relativamente desconocida, un tal Vladímir Putin. En la década de 1980, había sido oficial de la KGB, aunque no muy distinguido, pero en la década de 1990 había vuelto a su ciudad natal de San Petersburgo (el nombre Leningrado no sobrevivió mucho a la caída de la URSS) y, con el tiempo, se había convertido en teniente de alcalde. Allí se había hecho un nombre como el esbirro favorito, el modesto y eficiente subordinado que guarda las espaldas a su jefe. Cuando el alcalde Anatoli Sobchak estaba a punto de ser arrestado por corrupción, fue Putin el que le hizo subir a un avión en dirección a Francia. En 1996,

Putin se trasladó a Moscú y se convirtió en el subdirector del Departamento de la Administración Presidencial para la Gestión de la Propiedad, donde, de nuevo, jugó un papel crucial para hacer que todo funcionase y acallar rumores de malversación. En ese momento, su carrera experimentó un ascenso meteórico, y después de varios períodos como vicedirector del gabinete de Yeltsin y jefe del Servicio de Seguridad Federal (el sucesor del KGB), el 9 de agosto de 1999, Yeltsin le nombró primero vice primer ministro y, ese mismo día, primer ministro en funciones. Al final de ese año, Yeltsin dimitió, con lo que Putin pasó a ser presidente en funciones y pudo hacer campaña en las siguientes elecciones con todas las ventajas de quien ocupa el poder. Putin pagó sus deudas, en todo caso: el primer decreto que firmó otorgaba amplias garantías para Yeltsin, entre las cuales estaba la inmunidad ante potenciales acusaciones de corrupción, un privilegio que se extendió a toda su familia.

Pero ¿quién era Putin? Una misteriosa —misteriosamente conveniente, sugirieron algunos— serie de atentados terroristas contra diversos edificios por toda Rusia a finales de 1999 y el estallido de una nueva guerra en Chechenia le permitieron presentarse como un duro defensor de la seguridad y el interés nacional. No ofrecía un programa claro, pero su promesa de una «dictadura de la ley» apelaba a todos aquellos cansados del desgobierno de la década anterior. Además, al igual que Yeltsin en 1996, estaba apoyado descaradamente por todos los medios estatales y privados, así que ganó sin problemas en la primera vuelta de las elecciones con el 53,4 por ciento de los votos.

Empezó dejando claro que los años en los que Rusia iba a la deriva se habían acabado. Los oligarcas se enfrentaban a una opción simple: aceptar que ya no podían dictar la política y disfrutar de su riqueza, o enfrentarse al Kremlin y perder. Algunos abandonaron Rusia, pero el más rico de todos, el magnate del petróleo Mijaíl Jodorkovski, osó apoyar a candidatos opositores y quejarse de la corrupción. En 2003 fue detenido, acusado de fraude y evasión fiscal y enviado a la cárcel, en buena medida como advertencia para los demás. Los chechenos fueron sometidos en una campaña brutal en la que su capital, Grozni, fue reducida a escombros y se estableció un nuevo régimen local mafioso. El Kremlin había vuelto.

Putin tuvo suerte. Los rusos estaban desesperados por poner fin a la miseria de la década de 1990 y ahora tenían un líder que no solo estaba en forma y era enérgico, sino que tenía los recursos para reconstruir el país. La década de 2000 estuvo marcada por una espectacular recuperación económica: el petróleo y el gas suponían casi tres cuartas partes de las exportaciones rusas y alrededor de la mitad del presupuesto estatal, y sus precios permanecieron altos toda la década. Putin tenía el dinero necesario para invertir en la reconstrucción de las fuerzas armadas y hacer oídos sordos a la corrupción de sus compinches, y aún quedaba suficiente para gastar en los rusos corrientes, que disfrutarían de un nivel sin precedentes de confort y seguridad. En esencia, ofreció un nuevo contrato social: permaneced callados, no es metáis en política y os garantizo una mejora constante de la calidad de vida. Después de la miserable decadencia y el espectacular colapso de la Unión Soviética, después de los «salvajes noventa», era un trato que la mayoría estaba dispuesta a aceptar.

Dicho esto, lo cierto es que Putin no se basaría en la gratitud de sus ciudadanos. La democracia rusa, nunca muy robusta, se convirtió cada vez más en un teatro político en el que partidos y líderes de la oposición falsos jugaban su papel sin esperanza de victoria, solo para mantener las apariencias. En la época soviética, los medios de comunicación y los artistas habían sido considerados «ingenieros del alma humana», tal como dijo Stalin: agentes del partido que conducían a las masas a la corrección ideológica. Bajo Putin, en lugar de ingenieros, los medios se convirtieron en los publicistas del Kremlin. La televisión en particular (que al final estaría toda ella controlada o dominada por el Estado) se convirtió en la animadora gritona, ostentosa y sensacionalista de su régimen. Las elecciones de 2004 fueron un auténtico paseo, obteniendo el 71 por ciento de los votos. Como la Constitución le impedía seguir un tercer mandato consecutivo, en 2008 simplemente puso a su dócil primer ministro, Dmitri Medvédev, como presidente. Putin se trasladó de las oficinas presidenciales del Kremlin a las del primer ministro en la llamada Casa Blanca, pero el poder real seguía en sus manos. Cuando el mandato de Medvédev se acercaba a su fin, apoyó fielmente a Putin para la presidencia, y en 2012 los dos intercambiaron sus cargos.

## El putinismo se va a la guerra

Mientras tanto, las relaciones de Putin con Occidente habían cambiado. Siempre había sido un declarado patriota ruso que creía que el estatus de «gran potencia» era un derecho intrínseco de su país. Al principio, no obstante, estaba dispuesto a ser un buen socio, pensando que mientras fomentase los negocios extranjeros en Rusia y apoyase la «guerra global contra el terror» de Estados Unidos, Occidente haría oídos sordos a lo que ocurría dentro de sus fronteras. No obstante, pronto se sentiría traicionado y en 2007, en Múnich, lanzó un virulento ataque contra la política occidental, criticando la emergencia de un orden mundial «unipolar» dominado por Estados Unidos.

Irritado por desaires y desafíos reales e imaginarios por parte de Occidente, adoptó una línea cada vez más agresiva y nacionalista. En parte, esto lo hizo probablemente pensando en su legado histórico, como un hombre que primero salvó a Rusia de la desintegración y después, tal como él mismo dijo, se aseguró de que «Rusia ha vuelto a levantarse». Durante su reinado, Rusia invadió la vecina Georgia (2008), arrebató a Ucrania la península de Crimea (2014), instigó una guerra civil en la región ucraniana sudoriental del Donbás (2014-) e intervino en la guerra civil siria (2015-). También lanzó una agresiva campaña de inteligencia e intervenciones encubiertas, que abarcaban desde un ciberataque masivo contra Estonia (2007) al asesinato de enemigos y desertores en el exterior.

Sin embargo, para Putin se trataba de respuestas esencialmente defensivas a los intentos occidentales de aislar y marginar a su país negándole su estatus global. El apoyo a activistas prodemocracia y anticorrupción en Rusia, las críticas a las muertes de periodistas y políticos que hablaban demasiado, y una serie de levantamientos contra regímenes amigos de Moscú en el mundo árabe y en los Estados postsoviéticos —especialmente las protestas del

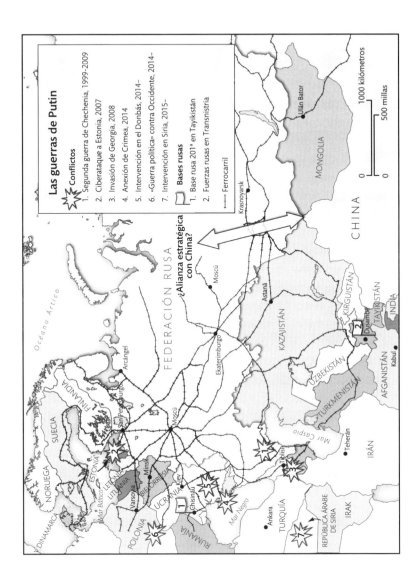

Las guerras de Putin

**Conflictos**
1. Segunda guerra de Chechenia, 1999-2009
2. Ciberataque a Estonia, 2007
3. Invasión de Georgia, 2008
4. Anexión de Crimea, 2014
5. Intervención en el Donbás, 2014-
6. «Guerra política» contra Occidente, 2014-
7. Intervención en Siria, 2015-

**Bases rusas**
1. Base rusa 201ª en Tayikistán
2. Fuerzas rusas en Transnistria

— Ferrocarril

¿Alianza estratégica con China?

«Euromaidán», que derrocaron un régimen corrupto en Ucrania en 2013-2014— eran otras tantas pruebas de la estrategia occidental al respecto. Mientras Occidente empezaba a preocuparse por la «guerra híbrida» llevada a cabo por Rusia —el uso de la subversión y la desinformación para fomentar la división y socavar las instituciones políticas—, Moscú estaba igualmente preocupado por la posibilidad de enfrentarse a una amenaza de ese tipo.

Este giro nacionalista facilitó la articulación por parte de Putin de una visión para su Rusia que, según él esperaba, inspiraría a un pueblo que, desde su regreso a la presidencia en 2012, se había mostrado cada vez más desencantado y cansado de la política falsa, de la corrupción endémica y de una economía estancada que ya no era capaz de comprar su tolerancia. Se dedicó a saquear la historia de su país para crear un pedigrí histórico que pudiese encarnar una trayectoria futura. Una de las mejores representaciones de ello fue la exposición *Rusia: mi historia*, presentada en Moscú y luego reproducida por todo el país. En un despliegue multimedia colorista, los zares y los comisarios, los príncipes del siglo XII y los diplomáticos del siglo XXI son expuestos de manera intercambiable en una presentación no muy sutil de ciertas perspectivas primordiales sobre el país. Rusia, para empezar, es fuerte cuando está unida, y presa fácil cuando está dividida. Un Estado fuerte es una responsabilidad moral, patriótica, y eso significa someter a los boyardos —o a los comisarios, o a los oligarcas— a su autoridad indivisible.

En segundo lugar, Rusia no es un agresor, sino un defensor formidable: su inexorable expansión oriental a través de Asia, sus muchos conflictos (de todos los países con los que Rusia tiene fronteras, Noruega es el único con el que no ha entrado aún en guerra), las intervenciones imperiales (desde el sofocamiento de las revoluciones europeas en el siglo XIX por Nicolás I al aplastamiento de la Primavera de Praga en 1968), fueron simplemente impuestos por la necesidad de defender la patria y el orden natural. Cuando Rusia se enfrenta a Occidente, lo hace para defender el *statu quo* contra los esfuerzos liderados por Estados Unidos para forzar una hegemonía «unipolar» sobre el mundo. Incluso la propaganda tóxica en la televisión estatal, la creciente supresión de los organismos independientes de control y el rechazo de las normas internacionales de derechos humanos fueron presentados como formas de defender la patria contra la interferencia extranjera y «la guerra de la información».

Para terminar, Rusia no es un país asiático, ni siquiera —aunque algunos usen el término— un híbrido «euroasiático». Es europeo, pero europeo de verdad. Fueron los rusos los que defendieron

Europa una y otra vez, en ocasiones contra enemigos externos, como la Horda de Oro, otras veces contra enemigos internos, ya fuesen conquistadores potenciales como Napoleón o Hitler, o las fuerzas del caos y la disidencia. En otras palabras, la idea es que Rusia es la portadora de los verdaderos valores europeos en una época en que las naciones de Occidente los han abandonado. Su fe ortodoxa es la forma genuina de la cristiandad, y su conservadurismo social es simplemente un rechazo a aceptar unas modas degeneradas y un moderno subjetivismo moral.

## Putin y la historia

Por supuesto, se podría decir mucho más sobre Putin. Sobre su personaje público a menudo perversamente machista; sobre su característica mezcla de represión extrema (y en ocasiones letal) de algunas fuerzas de la oposición y su permisividad o incluso su complacencia hacia otras; sobre si se retirará o no cuando acabe su cuarto mandato presidencial; sobre si encontrará otra forma de sortear la constitución para permanecer en el poder o escogerá un sucesor. No obstante, en el gran relato de la extraordinaria historia de Rusia, ¿no debería ser tratado simplemente como otro zar o como otro secretario general más, merecedor de una o dos secciones, pero no más? Sin duda, merece ser reconocido por haber estabilizado el país y haberle devuelto un papel, antagonista y a menudo petulante, en la escena mundial. Sin embargo, no ha sido tan criminal como Iván (el Terrible) o Stalin (el mucho más terrible), ni tan grande (literalmente) como Pedro el Grande. Carece del intelecto fríamente implacable de un Lenin o un Andropov, o de los delicados instintos políticos de una Catalina la Grande o un Dmitri Donskói.

Todo ello no significa minimizar a Putin, sino ponerlo en su justo lugar. Ciertamente ha intentado influir en cómo Rusia ha de interpretar su propia historia. Los libros de texto escolares y los cursos universitarios tienen que adherirse cada vez más a una versión oficial de la historia que maximiza los triunfos y minimiza las tragedias. Stalin se convierte en un modernizador necesario y un líder guerrero, con el Gulag relegado a los márgenes. Putin exigió que esta nueva historia del país estuviese «libre de contradicciones internas y dobles interpretaciones», como si la verdadera historia hubiera sido alguna vez algo tan limpio. No es el primero en intentar dictar la imagen y la historia de Rusia. Dmitri Donskói tenía a sus dóciles cronistas; Catalina la Grande manipuló cuidadosamente el perfil de su país en Europa, y el culto a la «Nacionalidad Oficial» bajo Alejandro III fue acompañado por una campaña para amordazar y educar a académicos problemáticos que insistían en desafiar sus preceptos. El caso más extraordinario de todos es la publicación oficial *Historia del Partido Comunista (bolchevique) de toda la Unión. Un curso breve*, editado por Stalin y publicado en 1938, un intento de redefinir unos acontecimientos que aún estaban en la memoria reciente. En los siguientes veinte años, se imprimieron y distribuyeron más de 42 millones de copias del *Curso breve* en 67 idiomas, convirtiéndose posiblemente en el libro más leído después de la Biblia.

Pero lo cierto es que ninguno de estos intentos funcionó, no logró su objetivo de moldear la comprensión que los rusos tenían de sí mismos. Por un lado, un pueblo palimpsesto y un país sin fronteras geográficas, culturales o étnicas claras podría, ciertamente, estar deseoso de adquirir unos mitos nacionales que ayudasen a unir y definir su identidad, pero, por otro lado, es mucho más difícil construir para un pueblo así una historia «libre de contradicciones internas y dobles interpretaciones».

Putin encaja perfectamente en las líneas fundamentales de la historia rusa, aunque es probablemente un personaje de transición, ni soviético ni enteramente postsoviético. La URSS, incapaz de competir en una nueva carrera armamentística, estaba claramente quedándose rezagada frente a Occidente, y su posición internacional era, por ello, cada vez más vulnerable. Gorbachov intentó modernizar la Unión Soviética, lo que necesariamente implicaba liberalización, y el resultado de ello fue el descontento y, finalmente, el colapso. Para Putin, esto supuso «una de las grandes catástrofes geopolíticas del siglo» —para ser justos, eso no significa que quiera restablecer la URSS— y fue una muestra de debilidad por parte del Gobierno. Después de la nueva «Época de los

Tumultos» de la era de Yeltsin, Putin ha llegado a la conclusión de que la mayor amenaza viene de la debilidad doméstica —posiblemente alentada por potencias extranjeras— y, por ello, a pesar de toda la inversión en drones para las fuerzas armadas y cohetes espaciales, así como su aventurerismo en el exterior, su régimen es esencialmente conservador. Putin es Nicolás I poniendo freno al desorden; el patriarca Nikon restaurando las viejas ortodoxias; quizá, como mucho, Pedro el Grande, más que dispuesto a adoptar tecnologías de Occidente para armar al Estado y controlar a la elite, pero no a introducir reformas desde abajo.

## El hipertexto del palimpsesto y sus ironías

Mientras tanto, el palimpsesto gana más y más capas de texto escritas una encima de la otra. La propia generación de Putin, ese *Homo sovieticus* que no solo nació y creció en la época soviética, sino que empezó su carrera profesional antes de 1991, es aún dominante, pero está siendo desafiada por nuevas generaciones, algunas formadas durante los salvajes noventa, otras que ni siquiera han conocido como adultos una Rusia en la que Putin no estuviese al mando. Algunos de ellos se rebelan, uniéndose a una sociedad civil sitiada pero vibrante, mirando a Occidente en busca de inspiración y de la satisfacción de sus ambiciones. Otros mezclan las ortodoxias del putinismo con un cinismo hípster, abrazando el nuevo estatus global de Rusia como el chico malo de la escena internacional y plasmándolo en sus camisetas. «Putin, el más educado de los hombres», reza una de ellas, dándole la vuelta al nombre ruso para referirse a los que Occidente denominó los «hombrecillos verdes», los comandos que capturaron Crimea. «¿Aislarnos? ¡Sí, por favor!», reza otra, junto con un logo de McDonald's, el símbolo LGTB y una pancarta de protesta, todos ellos tachados.

Al mismo tiempo, las cosas se están volviendo más complejas, no menos. Hay una nueva y enorme mezquita en Moscú, cerca del estadio olímpico, para acoger a los musulmanes del norte del Cáucaso y Asia central que llegan como ciudadanos y como trabajadores temporales invitados. Con ellos vienen nuevas influencias, desde restaurantes caucasianos hasta el bazar vertical afgano que ha ocupado casi en su totalidad el Hotel Sebastopol de la época soviética. Putin hizo erigir una enorme estatua de san Vladímir —el gran príncipe Vladímir el Grande— al lado del Kremlin, pero se trata de Vladímir de Kiev, y así como Kiev es ahora Kyiv, Ucrania no es solo un país independiente, sino un país que mira cada vez más a Occidente, no al este. ¿Es Vladímir todavía propiedad de Rusia? ¿O es más bien el Volodímir de los ucranianos? En los aeropuertos moscovitas, hay ahora colas especiales de control de pasaportes para los turistas chinos, y cada vez más señales están en chino, además de en inglés. En el Extremo Oriente ruso, un flujo de dinero chino está transformando ciudades enteras y economías regionales. Como un académico ruso me dijo de sus estudiantes: «Estudian inglés movidos por el corazón, y chino movidos por la cabeza».

No todas las influencias se desarrollan en la geografía física de Rusia. El palimpsesto está adquiriendo hipertextos, vínculos con el ciberespacio en el que la información y la influencia cultural fluyen libremente en una y otra dirección. Tres cuartas partes de los rusos usan regularmente internet, tanto como el estadounidense medio. Muchos obtienen sus noticias *online* de fuentes extranjeras, miran vídeos extranjeros y, lo que es igual de importante, forman comunidades *online* que cruzan fronteras. Desde mesas de discusión a clanes de jugadores, los rusos no son solo troles y alborotadores, sino que están implicados activamente en nuevas asociaciones y movimientos *online*.

La ironía es que, al definir «su» Rusia en gran medida en oposición a Europa y Occidente —desafiando todo, desde su orden internacional a sus valores sociales—, Putin está dejando, como tantos líderes rusos antes que él, que el mundo exterior lo defina a él y a su país. En todo caso, esa es una característica de lo más común en casi todos los gobernantes de Rusia desde que Iván *Grozny* implicó a Rusia en la política nórdica y ofreció a la «Reina Virgen» de Inglaterra, Isabel I, su ensangrentada mano en matrimonio.

Una ironía aún mayor es la referida a los esfuerzos de Putin por movilizar activamente mitos de todo tipo en apoyo de la excepcionalidad rusa, la idea de que su historia le confiere un papel especial y heroico en el mundo. Toca todos los palos, desde el estatus de Moscú como la «Tercera Roma» hasta Kulikovo. Y, no obstante, el propio esfuerzo de los «tecnólogos políticos» del Kremlin y los historiadores sumisos por intentar convencer a los rusos de que son un pueblo especial, un pueblo apartado de Europa y acosado por las malignas fuerzas culturales y geopolíticas de esta, demuestra que están nadando contra corriente.

Después de todo, incluso los rusos que todavía reverencian a Putin y llevan sus camisetas están ansiosos por aprender inglés, devorar películas y programas de televisión occidentales e intentar que sus propias creaciones culturales encajen en todo ello. Debemos recordar que este es un país en el que a un lado de una calle puedes ver un enorme mural que cubre toda la fachada de un bloque de apartamentos exaltando a algún gran general ruso, y, en el otro —esta es una experiencia algo surrealista que viví—, un mural publicitario igualmente gigantesco anunciando el estreno de una película de Hollywood, y no cualquier película, sino nada menos que *Capitán América*. Se ha hablado mucho de la transformación de Moscú en una ciudad hermosa y vibrante, pero, al igual que San Petersburgo, fue diseñada por europeos y una gran parte de ello se debe a arquitectos occidentales. Desde el equipo holandés que ha remodelado Tverskaya, la principal avenida de la ciudad, a la agencia de diseño estadounidense DS+R, creadores del fabuloso nuevo parque público High Line en Nueva York, que han definido un enorme nuevo espacio verde en Zaryadye, justo a la derecha de la Plaza Roja, la capital rusa está siendo reconstruida por occidentales como una ciudad europea.

Gracias a las experiencias históricas compartidas y al creciente comercio transnacional, a internet y a las películas de Hollywood, a los paquetes vacacionales baratos en España y Chipre, y a las preocupaciones mutuas sobre el ascenso de China, Rusia está realmente más cerca de Europa que en ningún otro momento de su historia. Técnicamente, Europa termina en los Urales, a la mitad de Rusia, pero la Europa mental se extiende hasta Vladivostok, en el Pacífico. Cuando se les pregunta en las encuestas de opinión, la mayoría de los rusos están de acuerdo con la afirmación de que «los rusos son europeos», pero algunas de las cifras más altas vienen precisamente del lejano este del país, donde «asiático» no es solo un concepto abstracto, sino una realidad inmediata. Es este un país con una rica herencia y un vasto potencial humano aún sin explotar. Es demasiado fácil reducir a la Rusia de hoy simplemente a las imágenes de los noticiarios de televisión: aviones de combate sobre Siria, la policía antidisturbios en las calles, los peces gordos satisfechos de sí mismos en sus yates de superlujo, y Putin, el solitario mascarón de proa de esta nación nuevamente amenazante. Sin embargo, hay mucho más que eso. Por supuesto, está el rico legado cultural —Tolstói y Chaikovski, el *Acorazado Potemkin* y el Bolshói—, así como su historia, que, a pesar de toda la sangre derramada, está repleta de triunfos, heroísmo y generosidad que brillan como gemas en medio de la oscuridad. Pero, en buena medida, estas son las materias primas de la vieja tradición rusa de buscar el futuro en el pasado.

Además, ¿cuántas veces, después de todo, puede escribirse encima de un palimpsesto antes de empezar con una página nueva? Por citar una última vez a Marx, «la tradición de todas las generaciones muertas oprime como una pesadilla el cerebro de los vivos» (como no marxista que soy, me sorprende lo relevantes que resultan para el caso de Rusia sus pronunciamientos más sombríos). ¿Cuándo se despierta uno de la pesadilla y sigue con su vida? Este es un país que es mucho más que la suma de sus logros históricos. Una nueva generación de activistas y empresarios, científicos y artistas, pensadores y soñadores, están intentando conscientemente encontrar nuevos caminos para Rusia, y no simplemente escoger qué camino viejo volver a recorrer. Más sustancialmente, cuando los encuestadores preguntan a los rusos qué quieren para su futuro, el estatus de su país como gran potencia y el temor por su seguridad siempre están entre los últimos puestos de la lista. Lo que desean es no solo una vida decente, sino libertad para hablar, organizarse y protestar, el fin de la corrupción y la oportunidad de sentir que tienen alguna influencia en cómo se organiza su sociedad: todas esas libertades que damos por hecho en Occidente. Quizá, después de siglos debatiéndose entre el deseo desesperado de ser aceptada por el resto de Europa y una determinación desafiante de permanecer sola, Rusia tiene la posibilidad de ser simplemente ella misma. Después de todo, la ironía de «Europa» es que las presiones centrípetas que genera la Unión Europea, su expansión hacia el este y el sur, y el Brexit ponen en entredicho la idea de que hay una única «Europa». Está la Europa de Suecia y Alemania, pero también la de Italia y Grecia, la de Hungría, la de los Balcanes y la del Reino Unido. Hay sitio para Rusia, si los rusos están dispuestos a ajustar cuentas con ellos mismos. Putin y sus aliados intentarán convencerse a sí mismos —y a su pueblo— de lo contrario, pero la idea de que no están volviéndose más europeos es el último mito de todos.

*Lecturas adicionales.* *Sale of the Century: The Inside Story of the Second Russian Revolution* (Abacus, 2005), de Chrystia Freeland, nos cuenta la historia de la década de 1990 centrándose en los chanchullos financieros de la época. Los mejores retratos de Putin son los de *Mr Putin: Operative in the Kremlin* (Brookings, 2015), de Fiona Hill y Clifford G. Gaddy, sobre el hombre, y *The Putin Mystique* (Skycraper, 2014), de Anna Arutunyan, sobre el país en el que creció. Mis ideas sobre él están recogidas en un breve volumen, *We Need to Talk about Putin* (Ebury, 2019). *All the Kremlin's Men: Inside the Court of Vladimir Putin* (PublicAffairs, 2016), de Mijaíl Zygar, es una brillante mirada al resto de las personas que rodean al nuevo zar.

# AGRADECI-MIENTOS

# AGRADECI-MIENTOS

U n libro que abarca un periplo histórico tan amplio supone un reto complicado pero excitante: destilar doce ajetreados siglos en un número relativamente corto de páginas. Para llevarlo a buen puerto, he realizado todo tipo de simplificaciones y omisiones, y también he dependido de las ideas y la inspiración de muchos de mis colegas, algunas veces directamente, pero otras muchas simplemente a través de ósmosis intelectual, absorbiendo sus palabras y sus ideas. Algunos han sido incluidos en las secciones de «lecturas adicionales» a lo largo del libro, pero otros se merecen una referencia especial. Dominic *Chai* Lieven fue el inspirado director de mi tesis doctoral y ha sido desde entonces un colega reflexivo y generoso, cuyas opiniones sobre el zarismo y los imperios en general han ayudado a enriquecer mi pensamiento a lo largo de toda mi carrera. Estoy en deuda con Peter Jackson por su camaradería y por los cursos que hemos impartido conjuntamente en la Universidad de Keele; muchas de mis ideas sobre los primeros siglos de los rus' y la Horda de Oro se derivan de su erudición y del recuerdo —sin duda imperfecto— que guardo de sus palabras. Finalmente, nunca conocí a W. Bruce Lincoln, y, como murió en 2000, nunca lo conoceré, pero quiero mencionar que sus escritos me inspiraron y me aportaron la prueba definitiva de que es posible escribir buena historia con una prosa atractiva. Hay muchas más personas a las que podría y debería haber mencionado, así que pido perdón a las que no he incluido, pero, de hacerlo, la sección de agradecimientos sería tan larga como un capítulo.

En términos más personales, quiero también agradecer a aquellos que leyeron versiones anteriores del libro y me ofrecieron sus comentarios: Anna Arutunyan, Daria Mosolova, Robert Otto y Katherine Wilkins. Agradezco la generosidad con la que me dedicaron su tiempo y sus pensamientos, y pido disculpas por los errores y desaciertos restantes, que son de mi exclusiva responsabilidad.

Igualmente, quiero agradecer a Robyn Drury, de Ebury Publishing, y a Peter Joseph, de Hanover Square Press, por su apoyo entusiasta, y al corrector, Howard Watson, por su trabajo meticuloso y comprensivo.

Finalmente, quiero incluir aquí mi gratitud al Centro Robert Schuman del Instituto Universitario Europeo por su invitación para participar en el programa de becas Jean Monnet en 2018-2019, y a su directora, Brigid Laffan, por su apoyo. Los primeros esbozos de este libro fueron debatidos en el retiro del IUE, en las colinas toscanas: la vida académica tiene sus privilegios.

# CODA

# Rusia, Ucrania y la venganza de la historia

# CODA

## Rusia, Ucrania y la venganza de la historia

El 24 de febrero de 2022, después de una larga escalada retórica y militar, Vladímir Putin se lanzó a invadir Ucrania. En el momento en el que escribo estas líneas, el resultado de esta terrible guerra es aún incierto, pero está claro que la expectativa inicial de Moscú de una victoria rápida y sencilla ha sido frustrada por la tenaz y apasionada resistencia del pueblo ucraniano.

Existen claras reminiscencias históricas en este conflicto, en las negras nubes de humo que se elevan de las ciudades bombardeadas y en las imágenes de los millones de refugiados que huyen de una guerra en Europa, en la retórica grandilocuente de un aspirante a conquistador y en los ojos confundidos del prisionero de guerra ruso al que se le había asegurado que entraría en Ucrania como libertador, no como ocupante. Esta es, después de todo, una guerra que Putin ha justificado apelando a la historia —aunque se trate de una versión crudamente hilada por él a partir de retazos de aquí y de allá—, y, aparentemente, sus planes de guerra los elaboró sobre la base de su incomprensión de la misma.

Clara e insensatamente, Putin se considera un historiador *amateur* de primera. Se ha dedicado a dar largas exposiciones de su bidimensional interpretación de la historia de Ucrania, que han enojado a los ucranianos tanto como han dejado perplejos a los historiadores. Por ejemplo, en su «Sobre la unidad histórica de los rusos y los ucranianos», publicado en julio de 2021, afirma que los ucranianos y los rusos son «un solo pueblo», ignorando alegremente la complejidad de la relación. Después de todo, Ucrania es una nación multilingüe en la que el ruso es solo uno de los idiomas, y, además, la Iglesia rusa es solo uno de los credos ortodoxos que se profesan en el país. No hay duda de que existen profundos vínculos e interconexiones, pero los ucranianos y los rusos han vivido en Estados separados más tiempo de lo que lo han hecho bajo el mismo Gobierno.

Lo cierto es que para él no solo los ucranianos no son un pueblo verdadero, sino que Ucrania no es un verdadero país. En la víspera de la invasión, afirmó rotundamente que Ucrania no es nada más que una construcción artificial de la revolución, creada por la política bolchevique para las nacionalidades, y que, en ese sentido, podría ser denominada «la Ucrania de Vladímir Lenin».

Aunque la historia siempre es objeto de conflicto y siempre es movilizada para uso político, raramente sirve de base para una estrategia militar. Esto es lo que sucedió en este caso, a insistencia de Putin, y el resultado ha sido un desastre. El ejército ruso ha desarrollado su propia forma de hacer la guerra, que comienza con una cuidadosa preparación, seguida de un bombardeo preliminar masivo por medio de misiles y aviones, con anterioridad al avance de unas fuerzas de armas combinadas cuidadosamente dirigidas. En febrero de 2022, sin embargo, Putin parece que no solo tomó la decisión final de invadir Ucrania en el último minuto, sino que impuso un enfoque muy diferente a sus generales. Convencido de que este no pueblo no lucharía para proteger a su no Estado, exigió una barrera artillera mucho más liviana, para después mandar pequeñas fuerzas ligeras a las principales ciudades. Parece haber creído sinceramente que un par de compañías de paracaidistas podrían simplemente circular hasta el centro de Kyiv y detener al Gobierno, para que Moscú pudiese nombrar en su lugar a sus propias marionetas. Y, por supuesto, que los ucranianos aceptarían dócilmente este nuevo régimen.

No funcionó así. En lugar de ello, los ucranianos detuvieron a los invasores rusos con la misma determinación con que habían luchado contra los alemanes setenta años antes. Aunque Putin intentó envolver su «operación militar especial» —llamarla «guerra» o «invasión» te puede mandar a la cárcel quince años— en el manto de la Gran Guerra Patriótica, lo que ha conseguido, si acaso, es lo contrario. Ciudades como Mariúpol, en la costa del mar de Azov, reducida a escombros, rodeada y, aun así, luchando mientras su población asediada abría los radiadores para encontrar algo de agua potable, se han convertido en el Leningrado y el Stalingrado de esta guerra. Mientras escribo, continúan los combates. Tras los desastrosos errores de cálculo de Putin, sus generales intentan recuperar la iniciativa. Está por ver si, como Stalin, se da cuenta de lo estúpido que es intentar llevar a cabo la microgestión de su guerra y deja que los profesionales ejerzan su sangriento cometido, o si, como Nicolás II, piensa que tiene que mantener el control, seguro de que la victoria está al alcance de la mano y que servirá para salvar su decaída fortuna.

No es solo que la interpretación de Putin sea completamente ajena al trabajo académico y resulte crudamente instrumental, un intento de retorcer el pasado para que sirva a las necesidades políticas del momento. Como ya se ha dicho, después de todo, si acaso son los ucranianos los que podrían defender que la Rusia de hoy es simplemente un vástago de su propia nación. Tampoco se trata simplemente de que esto haya tenido unos resultados desastrosos, llevándole a adoptar una estrategia militar errónea al comienzo de la guerra. Más bien, se puede decir que ha olvidado algo realmente fundamental: que la historia no es el destino. Incluso aunque todo lo que escribió fuese cierto, no significaría nada, a menos que el pueblo ucraniano decidiese lo contrario. El tiempo erosiona todas las viejas realidades: las culturas nacionales evolucionan, los credos y las ideologías ascienden y decaen, las fronteras cambian, las poblaciones se mueven y las comunidades se redefinen a sí mismas. Se podría decir que los ucranianos de hoy —no en menor medida por sus años de resistencia al imperialismo de Putin— están más unidos de lo que lo han estado en cualquier otro momento de su historia. Aunque las crónicas medievales llamaron a la vieja Kiev la «madre de las ciudades rusas», el Kyiv de hoy no solo está sometido al matricida bombardeo de la artillería de Moscú, sino que está intentando dejar atrás ese título y situarse firmemente en el seno de la amplia familia europea.

Pensemos ahora en Rusia. A lo largo del tiempo, sus fronteras se han expandido a todo lo largo de Eurasia, engullendo en su camino a entidades políticas más pequeñas. Su identidad ha sido desafiada y reinventada, ya sea por Pedro y Catalina la Grande, intentando abrir sus ventanas respectivas a Europa, o por los bolcheviques, presentándola como la cuna de la revolución global posnacional. Es una nación ortodoxa rusa (excepto donde no lo es, como en el Tartaristán musulmán o en la Tuvá budista). Es la Moscovia de Mijaíl Romanov, el Estado europeo del epistolario de Catalina la Grande, el «gendarme de Europa» de Nicolás I, la revolución de Lenin, el despertar de Gorbachov; y, al mismo tiempo, es algo diferente de cada uno de ellos, un todo que es más que la suma de sus partes, al igual que Ucrania ha superado esos momentos históricos que Putin cree que puede organizar en apretadas filas y mandar a la batalla.

En lugar de ello, estancado contra los ucranianos y enfrentado a unas sanciones económicas occidentales sin precedentes, Putin da la impresión de ser incapaz de adaptarse y parece estar recurriendo cada vez más a la intimidación dentro de sus fronteras a medida que las implicaciones de su guerra van apareciendo más claras. El país está siendo despojado de las ganancias económicas, sociales y políticas de los últimos treinta años, y da la impresión de que Putin parece decidido a arrastrar a Rusia a los monótonos y grises años setenta del pasado siglo, con unos líderes envejecidos presidiendo una economía en decadencia, atrapados en una amarga rivalidad con Occidente, basándose en la corrupción y la represión para mantener a las masas a raya.

No obstante, la historia es un río que nunca vuelve sobre sus pasos y que —citando por última vez a Marx— se repite «la primera vez como tragedia, la segunda como farsa». Los rusos de hoy no son los de la década de 1970, y a pesar de todas las sanciones que han roto sus vínculos directos con Europa y los intentos del Kremlin por romper los que quedan, saben lo que se arriesgan a perder. Decenas de miles de rusos han sido detenidos por protestar contra la invasión, y figuras muy conocidas, desde personalidades de la televisión hasta profesores universitarios, han firmado cartas abiertas, dimitido de sus trabajos, incluso abandonado el país antes que colaborar con el Kremlin. Hasta ahora, muchos rusos apoyan aún la guerra, pero apoyan la guerra que les han dicho que está haciendo Rusia, una operación limitada, quirúrgica en sus esfuerzos por evitar bajas civiles, para evitar que una Ucrania «neonazi» amenace a Rusia y cometa genocidio contra los rusoparlantes del Donbás. Si la experiencia de la guerra de Afganistán sirve de algo, una vez que se enfrenten a la realidad de la guerra contada por los soldados que vuelvan del frente, o documentada por los que ya no puedan volver, esta aceptación del discurso oficial podría desaparecer rápidamente. Después de la desilusión, viene la ira.

Incluso aunque Putin, en sus esfuerzos por emular a sus héroes históricos, como Pedro el Grande o Iván el Grande (el «recolector de las tierras rusas»), se esté convirtiendo en realidad en una especie de tributo a Brezhnev, este episodio particular de la historia de Rusia es poco probable que dure tanto como la «época del estancamiento». Aunque solo sea porque, como nos recuerda la historia, las guerras tienen tendencia a acelerar el ritmo del cambio.

Una derrota abyecta en lo que se suponía que sería una «guerrita corta y victoriosa» contra Japón llevó a la revolución de 1905, cuando la ira popular ante la humillación nacional y las privaciones se combinaron. Una guerra aparentemente interminable, en la cual más y más hombres morían absurdamente sin que se viese la victoria en el horizonte mientras la gente se moría de hambre en la retaguardia, terminó derrocando a la dinastía Romanov en 1917. Una guerra económica no declarada con Occidente, que cerró a la Unión Soviética el acceso al crédito y a las tecnologías que necesitaba para sobrevivir, también acabó derrocando a ese imperio. Realmente, Putin no debería haber jugado con la historia. La historia siempre gana.